Martina Bergmann
Mein Leben mit Martha

MARTINA BERGMANN

Mein Leben mit Martha

Roman

EISELE

Besuchen Sie uns im Internet:
www.eisele-verlag.de

ISBN 978-3-96161-053-2

2. Auflage

© 2019 Julia Eisele Verlags GmbH, München
Satz: LVD GmbH, Berlin
Gesetzt aus der Linotype Centennial
Druck und Bindearbeiten: GGP Media GmbH, Pößneck
Printed in Germany
Alle Rechte vorbehalten

2014

EINE BIELEFELDER NUMMER. Bielefeld ist zwanzig Kilometer entfernt, und von so weit rufen nur selten Kunden an. Wer mag das sein? Ich nehme auf, sage meinen Namen. Eine männliche Stimme antwortet, eher jung. Es ist ein Arzt aus der Notaufnahme im großen Krankenhaus. Heinrich ist vom Fahrrad gefallen. Er hat wohl Glück gehabt, nur Schürfwunden und ein blaues Auge. Aber sie behalten ihn ein paar Tage da. Er ist immerhin über achtzig. Sie wollen sichergehen, dass es keine heimlichen Sturzfolgen gibt. Blutgerinnsel zum Beispiel, das kann in dem Alter gut passieren. Vor allem, wenn man keinen Helm trägt.

»Oweia«, sage ich. »Das wird ihm aber nicht gefallen.«

»Stimmt«, antwortet der Arzt. »Er wollte sich direkt selbst entlassen. Wir haben gesagt, nur, wenn wir wissen, was seine Angehörigen davon halten.«

»Was für Angehörige?«, frage ich. Ich kenne bei Heinrich nur Martha genauer. Sie wohnt in seinem Haus, aber seine Frau ist sie nicht. Die anderen Leute in der Straße wollen mir immer erzählen, was es mit

Heinrich und Martha auf sich hat. Es scheint sie sehr zu beschäftigen. Eine von ihnen, Gertrud, ist sogar extra in die Buchhandlung gekommen. Sie schwitzte vor Eifer, ich merkte es, als sie mir die Hand gab. »Gertrud«, sagte sie, »Schulten Gertrud heiß ich im Dorf. Man kennt mich da.« Sie kicherte kokett, aber es klang wie eine Drohung. Als ich Heinrich davon erzählte, winkte er ab. »Sie gibt sich den Anschein, meinen Haushalt zu führen.« Ich lachte. »Heinrich, dann ist sie aber nicht sehr fleißig.« Er schmunzelte. »Wenn Gertrud mich im Auto mit zum Aldi nimmt, kostet das hundert Euro. Diesen Service gönne ich mir nicht allzu oft.«

Gertrud ist also eindeutig keine Angehörige, und Martha ist zwar um eine Antwort nie verlegen, aber Martha ist eine schwierige Gesprächspartnerin, wenn man sie nicht kennt. Telefonate mit Martha dauern eine Weile, und am Ende hat man gute Laune. Aber das hilft dem Arzt nicht weiter. Wie sage ich ihm das möglichst diplomatisch?

Der Arzt holt mich aus meinen Gedanken zurück. »Er hat Sie als nächste Angehörige genannt. Er hat gesagt, ich soll alles Weitere mit Ihnen bereden.«

Ich stutze. Ich soll seine nächste Angehörige sein? Ich kann Heinrich gut leiden, aber bei einem Unfall würde mir nicht einfallen, den Ärzten Heinrichs Telefonnummer zu nennen. Meine Eltern, die Mitarbeiter in der Buchhandlung. Vielleicht auch meine Geschwister. Aber Heinrich käme mir nicht zuerst in den Sinn, der freundliche alte Kunde mit dem weißen Rennrad, um das die anderen Männer ihn beneiden. Wenn Heinrich zu Besuch in der Buchhandlung ist, kommen oft Personen herein, die sich für aufwändige Fahrräder interessieren. Männer. Sie fachsimpeln dann, und Heinrich freut sich, dass er das beste Modell hat. Weiß lackiert und leicht. Keine zwei Kilo, aus Carbonfaser. Ganz dünne Reifen, die man nicht selber aufpumpen kann. Man muss extra zur Fahrradwerkstatt fahren.

»Wenn ich tot bin, kannst du aussuchen, wem du es schenkst«, hat er einmal gesagt. »So ein Fahrrad hat schließlich eine Seele. Du wirst schon den Richtigen finden.«

Martha hatte gesagt, für mich kommt nur ein Rennwagen infrage, wenn er tot ist. Porsche. Sie hatten sich dann gestritten, über Fahrzeuge und das Leben überhaupt. Dass Martha schon dafür sorgen würde, dass ich einen Rennwagen bekäme. Dieses Hollandfahrrad, das er mir zum Geburtstag geschenkt hatte – lächerlich. Unangemessen. Ich hatte eingewandt, dass ich es ein schönes und großzügiges Geschenk fand; ich hatte das überhaupt nicht erwartet. Außerdem hat das Hollandrad rote Reifen. Heinrich ist fein, wenn er Geschenke macht. Aufmerksam. Martha findet Rot hässlich.

»Unterwäsche«, sagt der Arzt. »Können Sie Unterhemden und Schlüpfer bringen? Auch ein T-Shirt und Strümpfe?« Er hält inne. »Im Grunde alles. Wir würden seine Kleider am liebsten entsorgen, alles ist total verdreckt.«

Er hat recht, Heinrich läuft in Lumpen herum. Das

wäre nicht nötig, er hat Geld genug. Ich ärgere mich manchmal darüber. Wenn er mein Mann wäre, würde ich ihm diese Schluderei verbieten. Martha sieht das genauso, Martha und ich sind oft einer Meinung über Heinrich. Aber Martha kann keine Kleider mehr für ihn kaufen. Sie bekommt es für sich selbst noch gerade so hin, sie kauft jede Woche irgendwas von Tchibo. Sie besitzt viele Strümpfe mit Blümchenmuster und pastellfarbene Fransenpullover. Marthas Kleiderschrank ist voll mit Textilien, aber eine Garderobe ist das auch nicht.

Wer sollte Kleider kaufen für die beiden, den Kühlschrank füllen und jetzt eben ins Krankenhaus fahren? Da ist sonst niemand. Sie leben in einem Museum ihres früheren Lebens, die beiden.

Als ich das erste Mal in dem kleinen Haus am Ende der Straße zu Gast war, dachte ich, ich mache eine Zeitreise. Es sah bei Heinrich und Martha ungefähr so aus wie damals in den Haushalten meiner Kindergartenfreunde. Aber nicht bei denen, die so waren wie wir, Mama und Papa und vier Kinder. Die anderen, die ich sehr gern besuchte, weil da viel mehr Menschen waren. Diese Häuser nannten sich »Wohngemeinschaften«, und sie waren dunkel und voll. Die Bewohner trugen ulkige Kleider, selbst gestrickte Pullover und Batikblusen. Alle hatten lange Haare, auch die Männer. Und die Kinder sprachen ihre Eltern mit Vornamen an. Sie aßen auch anderes Essen als wir, und sie redeten ständig miteinander. Das nannte sich bei denen »diskutieren«. Es gefiel mir ganz gut, aber bei uns war es auch nett.

»Ich weiß ja nicht«, sagte Papa, »also, die stehen bei mir unter Verdacht, diese Brüder mit den langen Haaren. Die tun nur so, als ob ihre Frauen gleichberechtigt sind. Ich glaub denen das nicht.«

Ich hatte Heinrich davon erzählt, bei meinem ersten Besuch. Er lächelte fein. »Dann weißt du ja«, sagte er, »warum wir räumlich für uns geblieben sind, Martha und ich.«

»Räumlich?«

»Ja«, sagte er. »Wir fanden vieles gut, was unsere Studenten taten. Sie lüfteten das Land. Aber wir wollten unsere Fenster öffnen und schließen, wie es uns selbst auskam. Das wäre in so einer Wohngemeinschaft nicht gegangen. In unserem kleinen Haus für uns allein, das ging besser. Und die Leute in unserer Straße haben uns auch immer in Ruhe gelassen.«

Er hat recht, denke ich jetzt. Man kann über Heinrichs und Marthas Nachbarn einiges sagen. Zum Beispiel, dass ihre Vorgärten überdekoriert sind. Sie waschen auch ihre Autos häufiger als Heinrich seine Haare. Aber sie halten sich raus. Mag sein, dass sie über uns reden. Nein, ich bin sicher, dass sie reden. Die beiden alten Leute aus der Uni und diese junge Frau, die bei ihnen ein- und ausgeht, das wird sie schon beschäftigen. Aber sie bleiben vor der Tür.

Und deswegen ist bei Heinrich und Martha in vieler Hinsicht die Zeit stehengeblieben. Möbel, Kleider und die vielen Bücher sind mindestens zwanzig Jahre alt. Alles Neuere habe ich angeschafft. Hier ein Handtuch, da Strümpfe. Aber das sind nur Punkte in dieser riesigen Landschaft aus altem Kram.

»Als wir kamen«, hat Heinrich erzählt, »waren die anderen Häuser noch gar nicht fertig. Wir haben den alten Kotten von einer Familie gekauft, die weiter vorn in der Straße ein neues Haus gebaut hat – die Strunksieks. Das ist Strunksieks Bauernkotten, wenn dich mal einer danach fragt. Huberts Familie wohnt da schon immer, dann wir, und Schultes Hof ist auch von vor dem Krieg. Aber alle anderen haben hier erst in den Siebzigern gebaut.«

Ich verspreche dem Arzt, nach Ladenschluss zu kommen, und fluche innerlich. Ich habe so viel zu tun gerade, und ich habe kein Auto. Ich muss also den Bus um kurz nach sechs erwischen, dann nach Bielefeld, und von der Bushaltestelle noch ein ganzes Stück zu Fuß den Berg hochlaufen. Das Krankenhaus ist in der Nähe meiner alten Schule, ich kenne den Weg.

»Kurz vor sieben bin ich da«, sage ich. Der Arzt will noch etwas loswerden. Er sagt, er freut sich, dass es mich wirklich gibt. Er muss immer mal irgendwo anrufen, gerade bei älteren Patienten. Und dann ist da häufig keiner. Die nächste Angehörige ist seit Jahren tot oder will nichts von einem Fahrrad-Opa wissen. Weil Heinrich so schmuddelige Kleider trägt, hatte er wenig Hoffnung, jemand zu erreichen.

»Martha«, werfe ich ein, »Martha macht seine Wäsche. Sie hat allerdings nicht immer ganz den Überblick.«

Der Arzt hört mir nicht zu, er muss seinen Text loswerden. Der liegt ihm, ich merke das, schon länger auf der Zunge. »Alte Leute«, sagt er. »Da macht man schon was mit, so an der Seele.«

»Kann ich ihn mal sprechen?«, unterbreche ich. Der Arbeitstag ist sowieso gelaufen. Ich werde morgen, am Samstag, länger arbeiten müssen. Dabei wollte ich ins Freibad.

»Kein Problem«, sagt der Arzt.

Heinrich meldet sich, und er klingt wie immer. Eine frische, hohe Stimme, die sich vor Sprechvergnügen manchmal fast überschlägt. Ich kenne sonst niemand, der so gern redet. Falsch: Der mit einem solchen Vergnügen Monologe hält. Frau Fisch, meine Mitarbeiterin, hat sich einmal erkundigt, ob ich ihm immer folgen kann. Können, ja. Aber ich will manchmal nicht. Ich will meinen eigenen Gedanken nachhängen dürfen. Heinrich weiß das, und Heinrich hat gesagt, das hat sich außer Martha nie einer zu sagen getraut. Also, Martha und ich, wir beide. Wir sind für ihn geeignet.

Heinrich hat keine Lust, über den Unfall zu sprechen. Er ist in Gedanken schon wieder bei einer mathematischen Formel. »Ich habe dem Doktor gesagt, er soll das mit dir ausmachen. Ich habe keine Zeit, und ich schreibe schließlich Bücher.«

»Heinrich«, unterbreche ich den Redefluss, »kannst du bitte die Luft anhalten.«

Er schnaubt. Ich kenne das. Schnauben ist eine halbe Antwort. Die verkürzte Form von *Du hast natürlich recht, aber warum sollte ich das zugeben.*

»Du hattest einen Unfall. Du musst dich kurz mit profanen Dingen beschäftigen. Mit deiner Dreckwäsche.«

Heinrich schnaubt noch einmal. *Da du sowieso recht hast, müssen wir auch gar nicht darüber reden. Mach doch, was du willst.*

Ich lege nach. »Heinrich, ich komme nachher vorbei. Dann reden wir über Bücher.«

»Gut, schön«, sagt er. »Kannst du Schopenhauer mitbringen? Und meinetwegen Unterhemden. Größe sieben, Primzahl.«

Er legt auf.

Es ist ein Freitagnachmittag Ende Juli. Es ist sehr warm, die Sommerferien sind fast vorüber, und ich habe viel zu tun. Schulanfang ist eine betriebsame Zeit im Buchhandel. Ich habe Fibeln, Mathebücher und Atlanten verkauft, Buntstifte und Wachsmalkreiden ausgehändigt, Collegeblocks mit Linien und Kästchen. Ich habe mir die Beschwerden der Eltern angehört, dass alles immer teurer wird. Ich habe still für mich gedacht, dass ich sehr gern zur Schule gegangen bin und dass ich an den neuen Büchern gerochen habe, wenn ich sie in Händen hielt. Bücher, die Verheißung von Wissen. Heinrich versteht das, denn Heinrich liebt Bücher auch. Und er liebt mich. Eines Tages kam er angefahren, in einem anderen Sommer, der so war wie alle Sommer auf dem Land. Hell, warm, angenehm langweilig und voll mit Kindern, die in Badekleidern aus dem Freibad über die Straße rennen.

Heinrich kam auf dem Rennrad, im Tour de France-Trikot, und er beschloss zu bleiben.

»Schön hier«, sagte er. »Aber nicht genug für dein Gehirn. Dafür bin ich jetzt zuständig.«

Ich erzählte Frau Fisch davon. »Ein kurioser Typ mit Fahrrad, schon älter«, berichtete ich.

»Tja«, meinte Frau Fisch. »Jeder hat so seine Sorte Prinz.«

»Bitte?« Ich wusste nicht, worauf sie hinauswollte.

Frau Fisch grinste. »Ich wusste sofort, es ist was Ernstes«, sagte sie. »Du verwendest seine Telefonnummer als Passwort beim Bestellprogramm.«

Nach dem Anruf aus dem Krankenhaus telefoniere ich mit Frau Fisch. Das mache ich immer, wenn ich mir nicht sicher bin.

»Ich bin der Bauch der Firma«, sagt sie oft. »Du bist der Kopf, und ich bin der Bauch.«

Frau Fisch versteht meine Frage nicht.

»Ob du hinfahren sollst? Ja, wer denn sonst? Und schimpf nicht mit ihm. Er hat wahrscheinlich zu wenig getrunken und ist vom Rad gekippt. Alte Leute sind so.«

Frau Fisch kennt mich. Sie weiß, dass ich schimpfe, wenn ich etwas verbergen möchte – Gefühle vor allem. Ich zeige Gefühle nicht gern.

Frau Fisch kennt Heinrich auch. Er hat sich damals ausgiebig bei ihr vorgestellt, damit sie weiß, er meint es ernst.

»Warum auch nicht«, hatte Frau Fisch gesagt. »Lass die Leute reden. Das bisschen Altersunterschied ist doch egal.«

»Achtundvierzig Jahre«, rechnete Heinrich ihr vor. »Leider keine Primzahl.«

Frau Fisch schluckte. »Öh, ja.«

Aber es ist auch wirklich egal. Er gehört jetzt zu uns.

»Zu dir«, sagt Frau Fisch, »der liebt nur dich.«

Um sechs Uhr schiebe ich den letzten unentschlossenen Kunden nach draußen, ja, wirklich, er kann morgen früh wiederkommen, aber jetzt muss ich zum Bus, tut mir leid. »Abservieren«, würde Heinrich sagen. »Sei doch nicht so kurz mit ihnen. Die Ärmsten, sie reden eben gern mit dir.«

»Wie du«, schimpfe ich, »immer reden alle, und keiner fragt, ob ich mich vielleicht mal fünf Minuten besinnen muss. Irgendwann bricht hier das Chaos aus, und dann steh ich da. Aber wenigstens haben alle genügend Worte gemacht.«

»Wie ein altes Ehepaar«, schmunzelt Frau Fisch. »Als ob ihr euch ewig kennen würdet.«

Heinrich freut sich. Er setzt nach: »Martha wäre dir sicher gern behilflich. Sie hat ein ordnendes Wesen.«

Heinrich weiß, ich mag an Martha, dass sie so direkt ist. Martha würde dem Kunden sagen, dass er stört. Martha hier in der Buchhandlung, das wäre ein Spektakel.

Ich habe den Bus erreicht, sogar, ohne zu rennen. Ich gehe ganz nach hinten, in die letzte Reihe, wo früher die cooleren Kinder saßen. Und jetzt ich. Ich bin 35 Jahre alt, ich arbeite im Buchladen, und ich bin Heinrichs nächste Angehörige. Sommerwind weht zum Fenster herein; ein schöner Abend. Vielleicht bin ich jetzt auch cool.

Ich fahre mit dem Bus bis zu der Haltestelle, an der ich schon als Schülerin ausgestiegen bin. Klosterplatz. Aussteigen und gegen die Fahrtrichtung laufen. Durch den Kunsthallenpark, am altsprachlichen Gymnasium vorbei, einmal über die große Straße, dann etwas links durch eine engere. Die große Straße ist ungefähr wie immer, aber die kleine hat sich verändert. Das war früher einfach eine Straße, die ich schnell hinter mir ließ, weil sie langweilig war. Mietshäuser, ein paar Arztpraxen. Jetzt gibt es Kaffee zu kaufen, Pizza, ich entdecke einen Kiosk.

Ich kaufe für Heinrich eine Zeitung und für mich selbst ein Eis. Ich bin hungrig, außerdem ist es noch sehr warm. Die Luft steht. Ich trage ein enges Kleid und Schuhe mit Absatz; das Kleid klebt mir schon jetzt am Körper, dabei bin ich noch gar nicht den Berg hochgelaufen. Und dann die Schuhe. Das ist alles eigentlich nicht mein Stil, aber wenn mir das Dorf zu klein wird, ziehe ich mich manchmal so an.

»Wie in der großen Stadt«, staunen die Kunden.

»Verkleidet«, schimpft Heinrich.

Als ich oben ankomme, sehe ich auf mein Telefon. Kaum langsamer als früher. Die zwei Minuten mehr sind den Schuhen geschuldet. Kein Mensch trug hier früher hohe Absätze. Eher Birkenstocks, denn es war ein christliches Gymnasium. Irgendwie alternativ. Im engen Kleid mit hohen Schuhen, an einem Freitagabend kurz vor dem Gewitter. Mein jüngeres Ich lacht mich aus. Egal. Mein jüngeres Ich hätte Heinrich aber auch gemocht, und Martha erst recht.

Ich suche den Eingang, und dann ist da schon ein freundlicher junger Mann im weißen Kittel.

»Sind Sie die Verlegerin?«

»Bergmann«, stelle ich mich vor. »Ich gehöre zu dem Fahrradfahrer.«

»Ja, genau«, sagt der Arzt. »Ich habe Sie vorhin angerufen.«

»Ist es doch was Ernstes?«, frage ich.

»Nein, nein«, beeilt er sich. »Aber ich wollte Sie kennenlernen. Patienten fragen nach ihrem Steuerberater, ihrem Anwalt oder nach Mutti. Nach seiner Verlegerin hat noch nie einer gefragt.«

»Es ist ein Buchladen«, sage ich. »Ich habe gerade angefangen, auch ein paar Taschenbücher herauszugeben. Zusammen mit Heinrich.«

Der Arzt schmunzelt. »Er lässt es nach mehr klingen.«

»Es wird auch mal mehr«, sage ich, »das ist jedenfalls der Plan.«

»Schreiben Sie einen Roman über Ihren Freund«, meint der Arzt. »Oder ein Buch über fröhliche alte Menschen. Das wäre wichtig.«

»Verlegerin«, erkläre ich, »wenn überhaupt, bin ich Verlegerin. Aber die Bücher schreiben andere.«

»Er sieht das anders«, lacht der Arzt. »Das ist mal ein Verehrer.«

»So einer kommt Ihnen als Patient nicht alle Tage unter«, lenke ich ab. Ich kenne Heinrich schon eine Weile, und ich habe mir abgewöhnt, ihn irgendwo einzusortieren. Aber er ist kein Standard, in nichts.

Der Arzt lächelt.

»Er ist in Ordnung. Ich kann ihm nur nicht immer folgen. Er sagt, er arbeitet an einem universalgeschichtlichen Werk?«

Ich muss lachen. Der Arzt grinst.

»Es wäre nicht verkehrt, er würde auch mal an seiner Körperhygiene arbeiten. Die Sturzfolgen sind nicht schlimm, das heilt sich aus. Aber er ist verwahrlost. Fußnägel, Haare. Und die Kleider, also, umpf.«

»Ich weiß«, sage ich. »Ist mir auch schon aufgefallen. Ich wusste nur nicht, wie ...«

»Direkt«, sagt der Arzt. »So was immer direkt sagen und einfach machen. Können Sie mir glauben. Wie, wenn Sie ein Pflaster abziehen.«

Ich merke mir den Satz, er klingt vernünftig.

Wir gehen zu Heinrich. Er liegt auf so einem Krankenhausmöbel, er hat ein dickes Pflaster auf der Stirn, und irgendwo hängen Kabel. Heinrich freut sich. »Sehen Sie, Herr Doktor. Das ist wahre Liebe.«

Ich will nicht wissen, was dem Arzt durch den Kopf geht. Ein Freitagabend Ende Juli, Unfallambulanz in Bielefeld. Ein Opa in zerlumpter Wäsche mit Wollsocken und Klettsandalen. Eine schwitzende junge Frau im Cocktailkleid. Er denkt bestimmt, er ist im Kino. Er sagt jedenfalls, dass Heinrich übers Wochenende bleiben muss, zur Beobachtung. Und Heinrich protestiert. Er kann doch wohl im Bus mit zurückfahren, gar kein Problem. Wenn er diese Nacht stirbt, dann ist das auch egal. Schließlich hat er die große Liebe gefunden, und ...

»Heinrich«, unterbreche ich. »Hör mit dem Theater auf. Was brauchst du?«

»Hustenbonbons«, sagt Heinrich. »Stifte, Papier, einige Zeitungen.«

»Ich dachte an Unterhemden und einen Schlafanzug, an Seife und Rasierzeug.«

»Meinetwegen«, brummt Heinrich. »Aber bei den Zeitschriften, kann ich da auch was Ausländisches haben? Wo wir schon mal in Bielefeld sind?«

Ich gebe ihm die Freitagsausgabe der *Süddeutschen Zeitung*. Er sieht sie missbilligend an. Die *SZ* ist meine Zeitung, Heinrich und Martha lesen den *Freitag*.

»In der Nähe ist ein Supermarkt«, sagt der Arzt,

»der hat bis zehn Uhr abends auf. Die verkaufen auch solche Sachen. Ich hole mir da gleich ein Feierabendbier. Kommen Sie mit?«

Heinrich runzelt die Stirn.

»Du kommst aber wieder?«

»Ja, ich komme wieder. Versprochen.«

»Er ist süß«, sagt der junge Arzt. Wir sitzen mit zwei Flaschen Bier vor dem Supermarkt. Er hat mir geholfen, praktische Dinge für Heinrich auszusuchen. Und ich habe Sandalen gekauft, ein Paar für Heinrich, eins für mich. Diese schrecklichen Kaufhaussandalen mit Klettverschluss. Ich sehe bescheuert aus. Aber die Füße tun mir nicht mehr weh.

»Prost«, meint der Arzt. »Alte Männer sind sonst oft so schmierig. Aber er ist nett, und er ist total süß mit Ihnen. Nur diese Haushälterin, die ist speziell. Wie kommen Sie mit der zurecht?«

Ich stutze. »Haushälterin?«

Er hätte bei Heinrich angerufen, berichtet der Arzt. Zu Hause. Das machen sie immer zuerst, wenn ein Patient eingeliefert wird.

»Martha! Sie hatten Martha am Apparat«, sage ich. »Seine Mitarbeiterin.«

Er schaut mich von der Seite an.

»Ich will ja nichts sagen«, hebt er an.

»Ich weiß«, sage ich.

»Sie war im Aufbruch«, erzählt er. »Sie konnte gerade noch ans Telefon, sie musste los.«

»Nach Moskau«, ergänze ich. »Dringende Geschäfte. Und Stalin war ein Guter.«

Der Arzt lacht. »Demenz, oder?«

»Kann sein«, sage ich. »Speicherschwierigkeiten. Man gewöhnt sich aber dran, es ist nicht sehr schlimm mit ihr.«

Er sieht mich skeptisch an. »Sie läuft nicht weg? Oder stellt den Herd an?«

»Nee«, sage ich. »Sie arbeitet den ganzen Tag, und abends ist sie müde und geht zu Bett. Ich fülle zweimal pro Woche den Kühlschrank auf.«

»Okay«, räumt er ein, »ein stabiles soziales Umfeld und jemand, der mit zusieht. Ich hatte schon überlegt, ob ich den sozialpsychiatrischen Dienst einschalten muss.«

»Nee, wozu«, wiegle ich ab. Keine Ämter ohne Not. Das ist so ein Prinzip von mir, aber das muss der jetzt nicht wissen. »Warten Sie«, sage ich, »wir rufen zusammen bei Martha an.«

Ich nehme mein Handy, wähle Heinrichs Haustelefon und stelle den Lautsprecher an. Es klingelt dreimal. Ich sehe Martha vor meinem inneren Auge. Sie sitzt auf ihrer Seite des Küchentischs. Sie bemerkt, dass es läutet. Überlegt, woher das Geräusch kommt. Steht auf. Geht los. Kommt an und hebt den Hörer ab.

»Was denn?«, ruft sie.

»Martha?«

»Wer denn sonst! Ist es wichtig? Ich bin gerade im Aufbruch ...«

Ich unterbreche sie. »Martha«, sage ich. »Heinrich ist im Krankenhaus und bleibt da heute Nacht.«

»Hm«, sagt Martha. Diese Information kann sie nicht verarbeiten. Sie wartet ab, ich lege nach.

»Du bist heute Nacht allein, hast du deswegen Angst?«, frage ich. »Soll ich kommen?«

»Ich habe niemals Angst!«, schmettert sie. Das stimmt. Martha ist furchtlos.

»Ich komme morgen Mittag nach der Arbeit. Und bis dahin bleibst du da. Keine Abreise, klar?«

»Ja«, sagt Martha. »Aber ich schreibe mir das gerade auf, Moment.«

Tuut, tuut, tuut. Sie hat aufgelegt. Ich warte einen Augenblick und rufe nochmal an. Sie nimmt sofort den Hörer auf. Sie sitzt also noch beim Telefon, dort, wo sonst Heinrichs Platz ist, mit dem Rücken zur Küche, parallel zum Bücherbord.

»Hier steht was«, sagt Martha. »Keine Abreise, steht hier. Ich habe mir das aufgeschrieben.«

»Schreib noch dazu: Banane essen«, bitte ich. Zu spät, sie hat schon aufgelegt. Sie wird jetzt zum Kühlschrank gehen und sich etwas zu essen nehmen.

Ich habe beobachtet, dass sie nicht alles vergisst. Die sprachliche Oberfläche ist fast immer sofort weg. Aber dass ich ihr sagen wollte, sie soll das Essen nicht vergessen, ist wahrscheinlich angekommen. Und wenn nicht, wird sie irgendwann Hunger haben. Den Kühlschrank vergisst sie nie. Solange sie im Kühlschrank etwas zu essen findet, hat Martha kein Problem.

Der Arzt hat sein Bier ausgetrunken.

»Schönen Abend«, sagt er. »Und danke.«

»Wofür?«, frage ich.

»Ach«, sagt er, »für diese Geschichte. Sie zeigt, dass das Alter nicht nur schrecklich ist. Auch nicht für die Angehörigen.«

Er geht davon, beschwingt. Ein angenehmer Mensch.

Ich sitze dort noch einen Moment, allein. Ich sitze in hässlichen Sandalen mit Bier vor einem Supermarkt in Bielefeld. Ein paar hundert Meter entfernt wartet ein alter Mann auf mich, und eine alte Frau isst irgendwo auf dem Land gerade eine Tafel Schokolade. Wenn sie Banane hört, versteht sie Schokolade. Meine Angehörigen, meine »menschliche Umgebung«, wie Martha immer sagt. Es ist eine schöne Geschichte, da hat er recht.

Dann geht das Telefon. Es ist Heinrich, von einem Krankenhausapparat. Er wartet schon auf mich, und er wollte sagen, ich soll mit dem Taxi nach Hause fahren, später. Er würde mich abends im Dunkeln nicht Bus fahren lassen. Viel zu gefährlich, es sei denn, er führe doch selbst mit.

»Keine weitere Diskussion, Heinrich«, schimpfe ich. »Wenn ich schon die nächste Angehörige bin, dann bitte auch nach meinen Regeln. Als Erstes gehst du gleich unter die Dusche und ziehst saubere Kleider an. Ich bin in zehn Minuten da.«

Er motzt, aber ich merke, er freut sich. Er hat etwas erreicht bei mir, und das ist nicht so einfach.

2016

EINE SOMMERNACHT, schön warm. Draußen rauschen die Bäume. Mein Handy klingelt. Heinrich. Ich gehe ran. Er schweigt.

»Heinrich?«, frage ich.

Er schweigt und schweigt und räuspert sich. Heinrich ist wieder im Krankenhaus, und diesmal ist es ernst. Es ist nicht schön und heiter wie damals nach dem kleinen Unfall. Es ist Krebs. Heinrich wird nur noch ein paar Wochen leben. Er wird vor Schmerzen wahnsinnig werden, ersticken oder durch Nierenversagen wegdämmern. Diese drei Möglichkeiten. Das weiß Heinrich nicht, das weiß nur ich. Der Doktor hat es mir vor ein paar Stunden gesagt. Ich soll entscheiden, ob Heinrich das erfährt. Und ich soll mich darum kümmern, wo Heinrich stirbt. Im Krankenhaus geht das nicht, ein Krankenhaus ist kein Hospiz. Ich liege auf dem Küchensofa und schaue Löcher in die Luft. *Heinrich, es wird ekelhaft.* Sagt man das? Heinrich räuspert sich wieder.

»Martha«, flüstert er.

»Martha?«

»Martha.« Er ist kaum zu hören, er haucht ihren Namen.

»Ach so, Martha«, sage ich. »Martha bleibt natürlich hier.«

Er legt auf. Ich weiß, er weint. Das tut er immer im Verborgenen. Wir haben eigentlich keine Heimlichkeiten. Aber Heinrich weint für sich. Martha und ich weinen, wenn wir weinen müssen. Einfach so, überall.

Fünf Minuten später ruft er wieder an, die normale Stimme. »Sie ist eine gute Gefährtin«, sagt er. »Sie wird dir viel weniger Mühe machen, als du denkst.«

Ich bin in Gedanken noch bei Heinrichs Krebs. Martha kommt darin nur am Rande vor. Martha weiß, dass er krank ist, aber bisher hat sie nichts dazu gesagt. Sie hat mit stoischer Gründlichkeit ihren Alltag erledigt. Hat in diesen letzten Wochen, seit wir es wissen, wie immer sortiert und gefegt, hat den Kühlschrank aufgeräumt, hat sich mit Heinrich über Kleinigkeiten gestritten.

Sie tut mir gut, denke ich oft. Sie ist auf eine herzliche Weise nüchtern. Wie wird sie mit Heinrichs Tod umgehen? Wird sie ihn begreifen? Und was wird dann? Ich weiß, dass Martha mich mag. Oder mag sie nur meine Funktionen? Mag sie, dass ich das Essen liefere und sie rette, wenn sie Blödsinn gemacht hat? Oder mag sie mich auch als Person?

»Wenn es schlimm wird, gibst du mir Drogen«, sagt Heinrich. »Du entscheidest das.«

Wir haben so viel geredet in den letzten Jahren,

Heinrich und ich, dass wir meistens wissen, was der andere denkt. Wie wird es sein, überlege ich, wenn er nicht mehr da ist? Mit wem soll ich über Martha reden? Ich kenne die anderen Leute in der Straße inzwischen ganz gut. Die meisten sind nett, vor allem Hubert, der noch hinter uns wohnt. Nach Hubert kommt etwas Wald, dann nochmal Landschaft und irgendwann das Haus von Herrn Meister. Aber der wohnt schon wieder fast woanders, mit dem haben wir im Alltag nicht viel zu tun. Trotzdem fallen mir Herr Meister und seine Frau als Erste ein, wenn ich an Martha denke. Die anderen interessieren sich höchstens für Heinrich, besonders Gertrud. Aber wenn Martha auftaucht, sind sie scheu. Befangen womöglich, denn Martha ist eigen.

»Man muss sie zu nehmen wissen«, hat Herr Meister einmal gesagt. »Man muss sich einfach gar nichts dabei denken, dass die hochstudiert ist, und bei ihm auch nicht.«

»Genau«, hatte ihm Frau Meister beigepflichtet, »denn das nutzt denen jetzt auch nichts mehr. Da muss warmes Essen auf den Tisch, mindestens einmal am Tag. Und diese Lumpen, da schämt man sich ja als Christenmensch. Ich möchte ihnen wohl wenigstens warme Mützen stricken.«

Das sind Meisters, die mag ich gern leiden, und Hubert auch. Alle anderen sehe ich zu selten. Ich arbeite den ganzen Tag, und ich habe nun einen großen Haushalt mit zwei alten Leuten. Ich bin zu beschäftigt, um mich mit der Nachbarschaft genauer zu befassen.

»Okay, Morphium«, sage ich. »Und ich lasse die Maschinen abstellen, wenn es darauf ankommt.«

»Ja, natürlich«, sagt er. »Es ist doch gut gewesen. Und ich hinterlasse dir mein Teuerstes. Martha lässt dich nicht allein.«

»Heinrich, ich kümmere mich. Aber bist du sicher, dass sie mich mag?«

»Oh ja«, lacht Heinrich. »Sonst hätte sie dich längst vertrieben. Martha schimpft manchmal mit mir, weil ich dir uns beide alte Leute aufgehalst habe. Martha bekommt viel mehr mit, als du meinst.«

Wir verabschieden uns, ich sage: »Ich liebe dich.«

Heinrich räuspert sich. Feigling.

Ich liege noch lange wach. Ich liege auf dem Küchensofa, Sommerwind rauscht durch die Bäume, und ich fühle mich geborgen. Alt sein muss nicht schlimm sein, und offensichtlich kann man sogar gut sterben. Ich kenne mich nicht aus, aber ich habe den Eindruck, es wird uns gelingen. Heinrich, Martha und mir.

Irgendwann schlafe ich ein und wache um halb acht in meinen verknitterten Kleidern auf. Ich setze Kaffeewasser auf und warte auf ein Geräusch von Martha. Sie schläft in dem kleinen Raum, der von der Küche abgeht. Die Tür steht offen. Sie räuspert sich.

»Ich schlafe noch, ich stehe jetzt nicht auf.«

Das sagt sie jeden Morgen. Das sagt sie zu Heinrich, seit dreiundvierzig Jahren. Und jetzt manchmal zu mir.

Ich wohne eigentlich woanders, aber ich bin oft bei Heinrich und Martha.

Die Frau vom Sozialamt hatte gesagt, wenn sie sicher sein können, dass ich nach dem Rechten schaue, bleibt Martha hier. Heinrich und Martha hatte das gut gefallen, sie hatten sofort begonnen, mir ein Schlafzimmer einzurichten. Martha schläft links von der Küche, Heinrich auf der anderen Seite des Hauses. Diese alten Kotten sind parallel gebaut. In der Mitte die Deele mit dem Ofen, rechts die Küche mit einer Upkammer, einem kleinen Privatraum. Links ein anderer Privatraum, oft die gute Stube, und dahinter wieder eine Upkammer. Das ist Heinrichs Zimmer, da geht Martha nicht rein.

Mein Schlafzimmer ist auf Heinrichs Seite des Hauses, aber der Eingang geht von der Deele ab. Früher war es die Spinnstube. Ein kleiner, niedriger Raum. Ich kann eigentlich überall schlafen. Aber in der kleinen Kammer schlafe ich so tief wie sonst nirgends. Es ist immer wie ein Urlaub, wie ein Wochenende in meinem Ferienhaus. Heinrich wird es mir vererben, hat er gesagt.

»Würde es nicht eher Martha zustehen?«, hatte ich gefragt. »Also, ich finde, du solltest sie nicht übergehen.«

Heinrich hatte ein Geräusch gemacht, das ich nicht einordnen konnte. War es neutral, wie ein Platzhalter? Oder doch etwas abschätzig? Er war nicht immer nett zu Martha gewesen, Heinrich. Sie hatten eine lange Geschichte miteinander, und ich hatte mir angewöhnt, mich rauszuhalten.

Ich hatte eine intellektuelle Sache mit Heinrich, und Martha gefiel mir insgesamt. Ich war mir nicht immer sicher, ob sie mich auch mochte, ihrerseits. Sie brauchte mich, das ja. Ich war die Versicherung, dass sie keiner störte in ihrer Puppenstubenwelt. Aber mochte sie mich? Heinrich hatte, als ich ihn das erste Mal danach fragte, auch dieses Geräusch gemacht. Den Platzhalter. *Denk dir was aus*, sollte das wohl heißen.

»Du bekommst das Haus, weil ich das will«, sagte Heinrich. »Martha hat ihr Leben lang gemacht, was sie wollte, und jetzt will ich mal was.«

Der Kaffee ist fertig. Ich bringe Martha eine Tasse, mit viel Milch.

»Ich mag keine Milch«, beschwert sich Martha.

Quatsch, denke ich. Ich weiß inzwischen, sie ist ein Morgenmuffel. Sie braucht eine ganze Weile, um wach zu werden. Ihre Gedanken sind in der Frühe noch unsortiert, sie stehen im Kopf herum wie die Haare außen. In alle Richtungen. Martha wird später, wenn ich weg bin, viel Zeit mit der Sortierung verbringen. Gedanken, Haare. Gegen elf hat sie das alles in Ordnung, dann kann ich anrufen. Sie wird sagen, ja, herrlich. Dieser Kaffee mit Milch. So fängt der Tag gut an.

Heinrich schläft in der Nacht schlecht, er geht nach dem Frühstück nochmal ins Bett. Aber gegen elf sind beide munter. Dann telefonieren wir uns zusammen, wir drei. Jeden einzelnen Morgen, seit dem Tag, als Heinrich damals nach seinem Fahrradunfall aus dem Krankenhaus entlassen wurde. Es ist gar nicht so lange her, nur zwei Jahre, aber es kommt mir vor wie mehr. Mein Leben hat sich so stark verändert wie überhaupt noch nie. Dabei ist an der Oberfläche nicht viel passiert.

Ich arbeite immer noch im Buchladen, verlege Taschenbücher, schreibe manchmal Artikel. Ich mache das sehr gern.

Aber manchmal bin ich wie gelähmt von dem Gerede überall. In meiner Firma ist nicht so viel passiert, aber in meinem Land. Da sind auf einmal viele neue Menschen aus fremden Ländern. Ich finde das gut. Ich finde, dieses Land ist so reich, es ist so viel über, dass wir teilen sollten. Wer denn sonst? Ich finde gar nicht, dass man darüber ständig reden muss. Aber die Kunden reden von nichts anderem. Die Flüchtlinge! Manche finden sie auch in Ordnung, so wie ich. Einige finden sie überhaupt nicht in Ordnung, die reden sich ein Desaster zusammen. Aber nicht bei mir, denn sie wissen, was ich von Untergangsprognosen halte.

»Kaufen die deswegen bei Amazon?«, fragt Clara, meine neue Mitarbeiterin, eines Tages.

»Ich glaube nicht«, sage ich. »Ich glaube, die lesen einfach nicht. Und wenn doch, ist es mir auch egal. Wir sind nicht so arm, dass wir uns anbiedern müssen. Bei Nazis schon mal gar nicht.«

Clara hat den Job von Frau Fisch übernommen.

Frau Fisch arbeitet inzwischen im Edeka, denn sie wollte gern eine volle Stelle. So reich bin ich nun auch wieder nicht. Also mittelreich. Das ist in Ordnung. Zumal Frau Fisch es nicht persönlich genommen hat. Sie sagt immer noch Chef zu mir, und ich rufe sie immer noch an, wenn ich nicht weiterweiß. Manchmal gehe ich in meiner Mittagspause zu Edeka und schwatze mit ihr.

»Ich stelle einen Flüchtling ein«, erzähle ich Frau Fisch. »Clara muss nicht immer zur Post laufen oder für Heinrich und Martha einkaufen. Das kann auch einer machen, der noch nicht so gut Deutsch spricht.«

Frau Fisch macht eine Kopfbewegung, der Vorgesetzte kommt. Grauer Kittel, tiefe Stimme. Ich gehe, damit sie keinen Ärger kriegt.

»Gute Idee«, ruft Frau Fisch mir hinterher, »gute Idee, Chef. Das passt zu dir. Grüß mir die Oma!«

Ich werde sie später fragen, als Heinrich schon tot ist, warum sie manchmal nur Martha grüßen ließ. Frau Fisch ist nicht achtlos, sie wird sich etwas dabei gedacht haben.

»Ich verstehe sie«, wird Frau Fisch sagen, »bei der kapiere ich immer alles. Bei Heinrich kam ich mir blöd vor.« Frau Fisch wird zögern. »Nichts Schlechtes über die Toten«, sagt sie, »aber er hat den Studierten ziemlich raushängen lassen. Die Oma nie.«

Ich widerspreche nicht.

Wir haben also im Winter einen jungen Mann eingestellt, Mahmoud. Mahmoud ist aus Syrien, und er hat fünf Brüder. Martha findet ihn prima.

Macht Mut, schreibt sie auf.

Mahmoud, korrigiere ich. Sie streicht es wieder durch.

»Nein«, sagt sie, »ich habe das schon kapiert. Aber er macht Mut. Ich weiß das. Ich habe viel mehr Erfahrung als du.«

Ich hatte keine Bedenken, einen Flüchtling in unseren Haushalt zu bringen. Heinrich und Martha sind politisch ziemlich weit links, und außerdem sind sie Menschenfreunde. Sie würden am liebsten eine ganze Familie in das kleine Haus aufnehmen. Aber erst, wenn Heinrich sich wieder besser fühlt. Er ist ständig müde, er schläft manchmal den halben Tag. Nachts liegt er wach und fürchtet sich. Ich sitze oft an seinem Bett und lese vor, stundenlang. Ich lese laut, um das Schweigen zu übertönen, und auch, um nicht einzuschlafen. Ich halte mit der linken Hand ein Buch und mit der rechten seine Hand.

Tagsüber, im Buchladen, bin ich müde. Eine kalte, tiefe Müdigkeit. Nicht wie zu wenig Schlaf, weil ich lange gelesen habe, wie früher, als Schülerin. Noch schnell hundert Seiten in einem Krankenschwesternroman, an dessen Ende, wenig überraschend, der Oberarzt die schönste Schwester heiratet. Das war eine warme, freundliche Müdigkeit. Sanftes Gähnen. Jetzt ist mir kalt, von innen. Es gibt etwas zu wissen, was ich nicht wissen will. Und das macht mich müde. Heinrich wird immer weniger.

»Heinrich, isst du auch genug?«

Heinrich schnaubt. »Ich esse genauso viel wie Martha, aber mein Gehirn verbraucht mehr. Deswegen bin ich so dünn.«

Wir wissen beide, dass er nicht die Wahrheit sagt.

Ende Mai kann er sich kaum noch aufrecht halten. Er willigt ein, zum Hausarzt zu gehen. Aber nicht zu seinem, den mag er nicht. Na gut, dann zu meinem Hausarzt.

»Ich vertraue dir mehr«, sagt Heinrich. »Wenn du dem vertraust, als Arzt, ist er für mich auch gut.«

Mein Hausarzt hat eigentlich gerade keine Zeit, seine Frau ist so krank.

»Bringen Sie eine Urinprobe, vorab«, sagt er. »Ich lasse die auswerten. Daran sieht man meist schon viel.«

Ich merke, ich bin ihm lästig. Ein nörgelnder Opa, der schlecht schläft und wahrscheinlich die falschen Blutdruckmittel nimmt. Was soll schon sein. Nach zwei Tagen ruft er mich an. Ich merke sofort, es ist nicht gut. Er spricht langsamer, tastend.

»Die Werte«, sagt er, »Katastrophe. Fahren Sie mit ihm zum Urologen, am besten noch heute.«

»Da warten wir mehrere Wochen«, wende ich ein.

»Nein, nicht bei solchen Werten.« Er hat sich schon gekümmert, wir sollen um halb drei in der Praxis eines Kollegen von ihm sein. Sie kennen sich vom Golfplatz.

»Ach, dieser Golfplatz immer«, sage ich zu Heinrich.
»Auch ein soziales Netzwerk«, grinst Heinrich. »Du hast Fippsi, andere haben den Golfplatz.«

Fippsi ist mein Telefon, Martha und Heinrich nennen es Fippsi, weil es Geräusche macht, sobald eine Nachricht eingetroffen ist. Heinrich findet es grässlich, er meint, mein Gehirn wird durch das Telefon zerstört, durch die Strahlen. Martha liebt Fippsi, sie will am liebsten auch eins.

»Kann ich auch so ein Smartphone haben?«, fragt sie manchmal. »Ich will auch solche Nachrichten erhalten. Das gefällt mir.«

Heinrich macht Witze. »Bei deinem Gehirn kommt es nicht mehr darauf an, Martha. Es kann ruhig verstrahlt werden.«

Martha funkelt ihn an, braune Augen wie Geschosskugeln:

»Ich bin gehirnmäßig vollständig in Ordnung, Herr Professor! Und wenn ich solche Nachrichten erhalte, geht dich das auch gar nichts an.«

Ich bringe ihr den Facebook-Daumen bei. Daumen hoch für *Gefällt mir*. Das kann sie sich gut merken. Sie kann auch schnell den Daumen senken oder nach links und rechts halb absenken. Daumen runter für: Gemüse und Vollkornbrot. Daumen links für Kräutertee und rechts für Kaffee. Daumen hoch für Schokolade. Marthas tut mir gut in diesem seelenkalten Frühling, Marthas Kindereien wärmen mich. Ohne sie würde ich das nicht aushalten.

Der Urologe verschwindet mit Heinrich in einem Behandlungszimmer. Ich sehe aus dem Fenster, warte. Dann kommen sie wieder. Der Urologe geht an seinen Schreibtisch, versteckt sich hinter Bildschirmen. Er weicht meinem Blick aus.

»Denken Sie nicht sofort das Schlimmste«, hebt er an. »Wer weiß, vielleicht ist es ja doch harmloser, als ich jetzt meine.«

»Ach was«, unterbricht ihn Heinrich, »einmal muss man sterben.«

Der Urologe blickt auf, ein junger Mann, höchstens so alt wie ich. Auf dem Schrank hinter ihm Kinderfotos. Zwei Jungen, ein Mädchen. Er schaut an Heinrich vorbei, sieht mich an.

»Wie lange?«, frage ich.

»Drei Monate.« Er sieht sofort wieder weg, in den Computer.

Ich merke, das geht ihm nah. Er überbringt noch nicht so lange schlechte Nachrichten.

»Prima«, meint Heinrich. »Den ganzen schönen Sommer.«

Sie machen noch ein paar Untersuchungen, sie nehmen Blut und Urin, sie schicken das weg.

Heinrich und ich gehen nach draußen, es dauert eine Weile. Er ist sehr schwach, gestehe ich mir ein. Die Praxis ist im zweiten Stock, das sind zwei Treppen von jeweils fünfzehn Stufen. Jede einzelne fällt ihm schwer. Als wir nach draußen treten, ist er nass geschwitzt und muss sich setzen. Da ist keine Bank, da ist nur Pflaster. Wir sitzen also auf den Pflastersteinen, Heinrich und ich, wie wir so oft gesessen haben. Irgendwo, zur Rast. Die Leute schauen, aber das tun sie immer. Seit ich Heinrich und Martha kenne, werde ich angestarrt. Nie die beiden, immer ich. Was will die junge Frau mit den beiden alten Leuten, was soll das?

Dass Menschen befremdet sind, weil Heinrich, Martha und ich uns mögen, finde ich traurig. Als ob ältere Menschen keine Freunde haben, sich nicht verlieben dürfen. Als ob sie verpflichtet sind, Dienstleistungen für Senioren einzukaufen.

Ich wusste von Anfang an, was die Leute reden. Denn sie taten es ungeniert. Sie quakten bei unseren Mitarbeitern, wenn ich nicht im Laden war, sie schwatzten im Supermarkt, sogar mein Vater wurde beim Kartenspielen darüber informiert, dass ich den Professor ausnahm wie eine Weihnachtsgans.

»Was sagst du denen?«, fragte ich.

Er grinste: »Dass an dem nichts dran ist, so ein Hungerhaken.«

Papa ist super.

Heinrich und ich sitzen also da auf dem Bürgersteig und reden noch ein bisschen, wie wir es angehen wollen. Wem wir etwas sagen, ob wir überhaupt etwas sagen.

»Den Mitarbeitern kann ich das nicht verschweigen«, meine ich, »die werden Überstunden machen müssen, und meinen Eltern will ich es auch sagen.«

»Natürlich«, Heinrich macht eine kleine Handbewegung, die wohl bedeutet, ich soll nicht von Selbstverständlichkeiten reden, »natürlich, die gehören ja zu uns. Aber keine Seelsorger und Besserwisser und niemand aus dem Dorf. Ich will privat und alleine sterben.«

»Okay«, sage ich, »von mir aus. Aber ist dir das nicht zu hart, so ein diskreter Tod?«

»Nein«, bescheidet er mich, eindeutig wie sonst selten. »Nein, sie haben mich mit Martha alleingelassen, sie haben uns immer spüren lassen, dass wir anders sind. Ich habe von diesen Menschen vor sehr langer Zeit meinen Abstand genommen. Dabei bleibt es.«

Gut, denke ich, *das musst du selber wissen. Aber ist es gut, am Ende gnadenlos zu sein?*

»Katholisch«, empört sich Heinrich. Er muss meinen Gedanken erraten haben, »katholisch und vom Land. Immer müsst ihr euch vertragen.«

Seine Sache, denke ich. *Seine Sache, sein Elend für sich zu behalten.* Ich bin nicht so. Ich rede mit den Mitarbeitern, mit meinen Eltern und ein paar Freunden. Ich weine gründlich. Danach bin ich leicht und gefasst und kann es angehen. Kann Heinrichs Krankheit und sein absehbares Sterben annehmen.

»Klarheit«, sagt Papa, »Klarheit ist sehr wichtig. Und natürlich die Familie. Der Rest kommt von allein.«

Zwei Wochen später sind wir wieder beim Arzt. Es ist Heinrichs 85. Geburtstag.

»Herzlichen Glückwunsch«, sagt der Urologe. »Sie waren fünfundachtzig Jahre sehr gesund.« Er steht da ganz anders, er hat es wohl, wie ich, verarbeitet.

»Genau«, sagt Heinrich. »Und jetzt sterbe ich eben. Ich sterbe sehr glücklich, Herr Doktor. Gar kein Problem.«

Ich sitze daneben und weiß es nicht. Als ob Sterben etwas ist, wo man einen Schalter ausknipst. Das kommt mir banal vor. Aber es ist sein Lebensende, nicht meins. Er muss das wissen. Ich liebe Heinrich sehr, aber ich sehe Dinge oft anders. Ich sehe sie meistens wie Martha, fällt mir in solchen Situationen auf. Wir sind konkret. Heinrich ist wolkig, er schwebt herum. Andererseits ist er bei klarem Verstand, und ich habe keinen Zweifel, dass er meint, was er redet. Er muss es selber wissen, er muss ja sterben. Martha und ich leben weiter.

»Los«, sagt Heinrich, als wir wieder im Auto sitzen. »Es ist mein letzter Geburtstag auf dieser Welt. Lass uns Kuchen kaufen. Sahnetorte.«

Du verträgst sie nicht, denke ich. *Du spuckst sie aus, und dann koche ich Kamillentee.*

»Auch, wenn ich kotze«, sagt Heinrich. »Aber es ist nun mal mein letzter Geburtstag. Und Martha liebt Torte.«

Nach dem Geburtstag vergehen noch sechs Wochen. Eine schöne, stille Zeit. Heinrich schreibt einen Text über seine Kindheit.

»Den kannst du statt Karten verschicken«, meint er beiläufig, »wenn es überhaupt einen interessiert.«

»Was soll das heißen, ob es einen interessiert? Es ist mir nicht gleichgültig, dass du stirbst.« Manchmal ärgere ich mich über seinen Fatalismus.

»Es hat sich über Jahre kein Mensch für uns interessiert,« sagt Heinrich. »Zwei alte Leute, die nicht nach der Pfeife der Diakonie und des Landarztes tanzen. Glaub doch mal, dass sie uns das haben spüren lassen.«

Er hat recht. Wir haben gemeinsam einige hässliche Situationen erlebt.

Die Leute kennen oft keine Grenzen, das erlebe ich oft in der Buchhandlung. Da will auch ständig einer wissen, ob sich das denn lohnt, so ein Bücherlädchen. Oder wo der Mann ist, der das alles bezahlt. Wie soll das sonst gehen? Ich kenne die Muster. Und ich habe meine Strategien, mich dagegen zu wehren.

Heinrich sagt, ich soll die Leute nicht auflaufen lassen, nur weil sie neugierig sind. Aber Heinrich liegt ja auch zu Hause auf dem Sofa, er weicht solchen Konflikten aus. Wir haben manchmal deswegen gestritten.

»Ich finde, du lässt dir aus lauter Bequemlichkeit zu viel gefallen«, hatte ich eines Abends gesagt.

Martha hatte mir zugestimmt. Sie war an dem Tag ungewöhnlich präsent gewesen – vielleicht, weil es um alte Konflikte ging. Die Vergangenheit ist Martha nah, sie hat sie immer dabei. Martha springt zwischen den

Zeiten wie der Grashüpfer bei Biene Maja zwischen grünen Halmen. Wie heißt der nochmal? Flipp?

»Was soll's«, sagt Henrich. »Es waren so viele gute Tage, es ist doch egal, ob du dich mal mit einer Arzthelferin gestritten hast.«

Martha kommt herein, ich glaube, sie hat gelauscht. Sie erzählt eine längere Geschichte, die davon handelt, wie sie einer Gruppe Studentinnen beibringt, sich gegen Männer zu wehren. Einfach nur mit Worten. Und wenn das nicht hilft – sie hebt ihr Knie.

Heinrich grinst, und Martha lacht. Es ist eigentlich absurd, denn Heinrich kann kaum noch laufen, und Martha weiß bestimmt nicht, dass heute Mittwoch ist. Aber sie sind miteinander gut gelaunt. Ich liebe sie sehr in dem Moment, beide.

»Ihr seid aus demselben Holz geschnitzt«, sagt Heinrich. »Irgendwas besonders Zähes, keine heimische Sorte jedenfalls.«

»Edelholz natürlich«, triumphiert Martha. »Was denn sonst. Ich bin eine Luxus-Oma.«

Heinrich hat mir erzählt, er habe sich in Martha verliebt, weil sie so frech war. Von grundsätzlicher Widerborstigkeit. Und stets im Einsatz, um ihn zu verteidigen.

»Du bist die erste Frau, die sie nicht weggeekelt hat. In vierzig Jahren die erste.«

Wozu brauchtest du überhaupt andere Frauen?, denke ich. *Idiot. Männer können so idiotisch sein.*

»Das stimmt gar nicht«, sagt Martha. »Ich habe sie überhaupt ausgesucht. In diesem, äh. Also, da, wo wir uns jedenfalls getroffen haben.«

»Buchladen«, ergänze ich. »In meiner Buchhandlung in Borgholzhausen.«

»Kann schon sein.«

Heinrich ärgert sich. »Ich war das. Ich bin mit dem Fahrrad losgefahren, während du hier herumgefegt hast.«

Er beantwortet damit eine Frage, die ich nie zu stellen riskiert habe. Was unterscheidet mich von seinen Liebschaften vorher? Es ist wohl einfach: Ich habe das, was bei Martha irgendwie kaputt ist – ein Gehirn, das funktioniert. Und auch noch ungefähr so schnell, wie er das gern hätte. Ich bin keine Konkurrenz für Martha, ich bin eine Ergänzung.

»Ich arbeite den ganzen Tag, Heinrich. Ich arbeite grundsätzlich immer.« Sie streiten sich noch eine Weile. Sie streiten gern, aber die Augen sagen etwas anderes.

Später an dem Abend muss ich den Notarzt rufen, weil Heinrich über Schmerzen am Fuß klagt. Das hat mit dem Krebs nichts zu tun, aber der Notarzt sagt, er nimmt ihn jetzt mit, der hygienischen Zustände wegen. Ich bin einverstanden, und Heinrich leistet keinen Widerstand. Ich merke, er gibt sich dem Ende hin. Und warum auch nicht. Es ist nun wirklich das Ende, wir spüren es alle.

»Er stirbt«, sagt Martha am nächsten Morgen. »Du brauchst mir gar nichts zu erzählen.«

Sie sitzt auf ihrer Seite des Küchentischs, ich habe Heinrichs Platz eingenommen. Die Sitzordnung verändert sich, schon jetzt. Denn falls er noch einmal nach Hause kommt, wird er im Rollstuhl sitzen. Der passt auf keinen Fall in diese Ecke. Wir trinken Tee, ich weine. Martha fixiert mich.

»Wie alt kann man werden?«, fragt sie. »Hundert?«

»Du auf jeden Fall«, sage ich.

»Gut! Dann werde ich hundert. Ich schreibe mir das auf.«

Sie sucht Papier und Bleistift, sie schreibt: *100 Jahre* und malt ein Ausrufezeichen. Ein Dreieck auf dem Kopf mit einem Kringel darunter.

Ich bringe Heinrich den Zettel mit ins Krankenhaus. Sein Immunsystem ist völlig im Eimer, deswegen hat er sich diese Infektion zugezogen und liegt mit lauter Schläuchen um sich herum auf der allgemeinen Station. Die leichten Sachen, Fahrradunfälle, Blinddarm. Und Heinrich, weil man bei ihm nichts mehr machen kann.

»Sie wird so alt, wie es für dich gut ist«, sagt Heinrich. »Sie ist an der Oberfläche ein Biest, aber sie ist die treueste Seele, die ich kenne. Pass gut auf sie auf.«

Heinrich und ich haben uns manchmal über das Altsein unterhalten. Er leugnet nicht den Aufwand, den Martha und er machen. Mir machen. Denn egal, wie die Leute im Dorf sich das zurechtlegen: Ich habe viel

Arbeit mit den beiden. Ich mache das gern, es geht mir leicht von der Hand.

Ob es mit meinen Eltern auch so einfach wäre?, überlege ich manchmal. Wohl nicht, denn da müsste ich mich mit den Geschwistern abstimmen. Und wenn meine Eltern so alt sind wie Heinrich und Martha heute, werde ich auch zwanzig Jahre älter sein. Ich kann eine Menge wegarbeiten, weil ich wirklich noch jung bin. Und weil ich keine Kinder habe und eine Arbeit, die mir Freiheit lässt.

Heinrich hört sich das an, er folgt meinen Gedanken immer. Aber er teilt meine Einschätzung nicht. Er meint, mit uns dreien klappt es gut, weil wir ehrlich miteinander sind. Das hat mit dem Alter nicht so viel zu tun. Das ist eine Frage der Lebenseinstellung. Ich finde das zu philosophisch, typisch Heinrich. Aber ich kann ja auch eine eigene Meinung haben. Eigentlich klappt es mit Heinrich und Martha gut, weil wir uns respektieren. Ich habe sie in mein Leben eingebaut, freiwillig. Und sie fühlen sich dort wohl. Kein Problem für niemand, außer für die Leute drum herum. Die mich aber, wie gesagt, nicht besonders interessieren. Und Martha sowieso nicht.

An einem anderen Tag, später, sagt Heinrich, der Körper altert, und an der Seele nimmt man Schaden. Aber das Gehirn altert eigentlich nicht. Was ihn selbst betrifft, hat er recht. Er wird bis zu seinem letzten Lebenstag im Kopf viel schneller sein als viele andere.

»Und bei Martha?«, frage ich. Wir haben nie viel darüber geredet, dass sie ihren eigenen Umgang mit der Welt hat. Es ist in unserem Alltag nicht erheblich.

»Es ist eine poetische Verfassung«, meint Heinrich, »sie befindet sich in dem Zustand ihrer Wahl. Achte mal darauf, sie ist nicht immer gleich weit weg. Sie kann es steuern.«

Ich habe dieses Gespräch im Kopf, als ich bei Frau Sieber-Dietrich im Sozialamt anrufe. Ich will ihr sagen, dass Heinrich krank ist und sterben wird. Wir kennen uns, seit Martha ein Auto gekauft hat. Keinen Porsche, sondern einen Kleinwagen.

»Seniorenbüchse«, lästert mein Nachbar im Handyladen. »Da musst du dich ja reinfalten.«

»Das Auto war gar nicht für mich gedacht«, wende ich ein, »Martha wollte es selber fahren.«

»Die hat doch gar keinen Führerschein mehr«, sagt er und stockt. »Oder? Die Leute machen so ein Theater um die alten Herrschaften, aber die wichtigen Sachen vergessen sie. Scheintot, aber fährt Mercedes.«

Ich weiß, was er meint. Wir sind die beiden jüngeren Einzelhändler in dieser Straße, und wir sind bis zum Nachmittag allein mit alten Leuten. Mit Hausfrauen, Kinderwagen und Omas und Opas.

»Mit dem Auto, das weiß ich nicht. Irgendwer muss ihr geholfen haben.«

Sie hätte niemals allein ein Auto aussuchen, zulassen und bezahlen können. Aber sie stand damit in der

Einfahrt, eines Morgens. Saß am Steuer, winkte mir und fragte freundlich, ob ich ihr wohl sagen könnte, wie man so ein sogenanntes Automobil verlässt.

»Durch die geöffnete Tür«, hatte ich gesagt und sie hinausgelassen. Sie hatte den Schlüssel stecken lassen und war zu Heinrich gegangen. Wir hatten ihr den Schlüssel nicht wiedergegeben, und sie hatte ihn auch nicht verlangt. Sie war zufrieden, dass wir nun ein Auto hatten. Dass ich damit fuhr, war ihr egal.

»Hauptsache, kein Mann! Es ist ein Frauenauto!«

So waren wir an ein Auto gekommen, und ich nutzte es dankbar. Es war mir egal, dass es winzig war. Es war das Ende dieser Fahrradfahrten im Halbdunkel auf unbeleuchteten Straßen. Es war aber auch der Anfang meines Wohnens mit Heinrich und Martha.

Das Auto war der Beginn einer Veränderung, das Auto, ausgerechnet, veränderte unser Gefüge. Und das bei Heinrich, dem überzeugten Fahrradfahrer. Ich hatte wegen Martha ständig mit Behörden zu tun, vor allem mit der Polizei. Martha war keine Diebin, aber sie bezahlte eben nicht mit Euros. Sie akzeptierte nur die D-Mark, und hatte davon auch stets genug bei sich. Je nachdem, wo sie gerade war, reagierten Menschen unterschiedlich. Die Kassiererinnen im Supermarkt hatten die wenigste Geduld. Ich konnte das verstehen, ich stand oft genug mit Martha und Heinrich irgendwo herum und merkte, wie sie Zeit verrinnen ließen. Sie hatten ja genug davon, während ich eigentlich Bücher bestellen und den Laden aufräumen oder einen Text fertigschreiben musste. Und anders als eine Kassiererin im Supermarkt war ich wenigstens die Herrin meiner Zeit. Ich konnte Kunden manchmal vertrösten, ich konnte mehr Aushilfen einstellen oder ihnen sagen, Martha und Heinrich, dass ich dieses Getrödel gerade schlecht ertrug.

Ich hatte aber beim Sozialamt angerufen, weil ich wissen wollte, ob es richtig war, mit dem Auto und überhaupt alles, was ich da tat. Es war zwischen Heinrich, Martha und mir in Ordnung, aber es nahm Ausmaße an, die nach außen nicht verborgen blieben. Ich brauchte Rat und bekam ihn von Frau Sieber-Dietrich.

Ich mochte sie sofort, schon von der Stimme. *Doppelname*, dachte ich, *und bestimmt ein halblanger Haarschnitt*. Etwas unabhängiger als die Hausfrauen meiner Kinderzeit, die Mamas, aber förmlicher als die wilden Frauen aus den Wohngemeinschaftshäusern. Angenehm dazwischen, vermittelnd.

»Tja, wenn wir erst richtig alt sind«, sagte Martha manchmal, »was glaubst du, wie wir dann erst trödeln. So ab fünfundneunzig.«

Heinrich erwiderte: »Martha, du bestimmt. Du wirst hundert. Aber eines Tages wirst du ohne mich auskommen müssen.«

Sie hatten beide immer gewusst, dass Martha länger leben würde, fällt mir jetzt ein.

»Das ist bei Demenzpatienten oft so«, meint Frau Sieber-Dietrich. »Menschen mit Demenz haben keine Sorgen mehr, und das hält jung.«

»Ich glaube, die Gewissheit ist älter als Marthas Krankheit«, wende ich ein. »Da ist noch was anderes.«

»Sie ist die starke Person in diesem Paar«, überlegt Frau Sieber-Dietrich. »Vielleicht kann er jetzt gehen, weil er sie versorgt weiß?«

»Aber dazu muss er sich nicht diesen Krebs zulegen«, gebe ich zurück. »Er tut sich selber ein Leid an, und für uns könnte es auch leichter gehen.«

»Jeder sucht sich seinen Tod«, meint sie. »Und wenn Sie mich persönlich fragen, nicht als Mitarbeiterin im sozialpsychiatrischen Dienst der Stadtverwaltung: Ich meine, es ist auch gut, dass wir nicht über alles gebieten. Gott gibt und Gott nimmt.«

Als ich abends nach Hause komme, erwartet mich Martha in der Küche. Sie hat ein Ornament Kaffeelöffel vor sich, bestimmt zwanzig Stück.

»Wo kommen die denn her?«, frage ich.

»Eingekauft«, strahlt Martha. »Ich war unterwegs gewesen, mit meinem Porsche, und dann hatte ich wo angehalten und diese solchen gekauft. Schau mal, wie schön der glänzt.«

Sie hält mir einen kleinen Löffel hin, dessen Ende mit Blümchen verziert ist. Kein Silber, sondern Blech. Meine Oma besaß ähnliche, und ich weiß, dass sie sie nur aus Nostalgie verwahrte. »Die ersten, nach dem Krieg. Nichts wert. Aber andere gab es nicht, und die Nachbarn hatten sie mir zur Hochzeit geschenkt.«

»Martha«, frage ich streng, »Martha, hast du die beim Bauern mitgehen lassen?«

Martha pustet wie eine kleine Dampflok und erzählt dann eine längere Geschichte von Fahrten, sie verliert sich in einer Fiktion. Ich kenne das von ihr. Je mehr sie erfindet, desto naheliegender ist das Eigentliche. Irgendwer wird sich wohl melden, weil ihm Löffel fehlen. Nur bitte nicht mehr heute Abend.

Am nächsten Morgen ruft Frau Sieber-Dietrich wieder an. Sie hat nachgedacht, sagt sie. Wir müssen aufpassen, dass es für Martha gut weitergeht.

Ich weiß, sie mag Martha. Sie kommt uns manchmal ohne echten Anlass besuchen. Sie kommt, weil sie sonst viel Elend zu verwalten hat. Sie trinkt dann Kaffee mit uns, nein, Tee. Stimmt, Frau Sieber-Dietrich nimmt grünen Tee, für ihre Nerven. Offiziell haben wir mit ihr zu tun, wenn sich jemand über Martha beschwert hat.

Martha rennt im Dorf herum und hat ein Handtuch als Turban auf dem Kopf. Martha bestellt ein Taxi, um nach Berlin oder Moskau zu fahren. Martha bezahlt beim Bäcker mit einem 500-Euro-Schein. Ich kenne diese Martha-Geschichten, sie haben ihren Schrecken inzwischen verloren. Für mich jedenfalls. Aber ich weiß, da sind Leute, die brauchen ihre Ordnung. Demenz-Patienten haben in dieser Art von Ordnung irgendwo einzuziehen.

Demenz-WG. Betreutes Wohnen. Altersheim.

Es gibt auch entsprechende Dienstleister. Ihr Marketing ist besser als das von uns Einzelhändlern, denke ich oft. Die Senioren-Dienstleister haben gründlich Marktforschung betrieben. Sie kennen die Nöte und reagieren perfekt. Abgestimmt bis zum Tonfall der Warteschleife in der Hotline. Pudrig-flötend, die Umsetzung von feuchtem Klopapier in Sprache. *Alles überhaupt kein Problem, rufen Sie jederzeit an, rund um die Uhr, wir helfen gern. Sie haben es sich verdient. Sie sollten es sich wert sein.* Diese Anbieter beherrschen auch die hohe Kunst der Kaltakquise.

Nachdem auf Martha ein Auto zugelassen worden ist, dauert es keine vierundzwanzig Stunden, bis jemand in Heinrichs Telefon flötet. Säuselt. »Sehr verehrter Herr Professor, nichts für ungut.«

Leider hört Martha am Lautsprecher mit und begreift, dass der Anrufer versucht, ihr einen Heimplatz anzubieten. Sie wirft sich mit ganzer Energie in das Gespräch. Sie spricht von Pistolen und Schnellschussanlagen. Grenzposten, die sie gut kennt. Heinrich lässt sie gewähren, das ist in solchen Situationen seine Taktik. Er weiß, dass die meisten Seniorendienstleister zwar gern Geschäfte machen möchten, dass eine Kundin von Marthas Kaliber den Betriebsablauf aber stark stören würde. Sie sagen das dann auch rundheraus, ich habe es zweimal miterlebt. In dem Moment, wo die

Säuselmaske fällt, sind es keine anderen Gespräche als mit einem pampigen Postkartenverlag.

»Sie nehmen keinen Drehständer mit 48 Einheiten? Warum?«

»Weil ich meine Kartenständer selbst bestücke.«

»Warum, wenn ich fragen darf?«

»Weil ich die Kundin bin und das so möchte.«

Tonartwechsel: »Sie sind auch, wenn ich ehrlich sein darf, nicht attraktiv. Schlechter Standort, ungünstige Bonität. Wenn ich Sie wäre ...«

Frau Sieber-Dietrich und ich spielen inzwischen Martha-Pingpong.

»Jemand hat angerufen«, sagt sie.

»Handtasche?«, frage ich.

Sie seufzt. »Ja, sie ist mit einem Eimer voller Geschirr gesehen worden. Sie hat Kaffeetassen spazieren getragen. Aber sonst geht's ihr gut?«

»Ja. Sie isst und trinkt und arbeitet. Sie steht morgens auf, wenn ich zur Arbeit fahre, sie isst mit Heinrich um elf ein zweites Frühstück. Sie arbeitet und arbeitet, und abends komme ich. Dann essen wir warm.«

»Diese Leute«, klagt Frau Sieber-Dietrich. »Die glauben immer, das Alter sei eine Verwaltungssache.«

Ich kann das bestätigen, diesen Eindruck habe ich auch. Heinrich ist meiner Meinung, erkläre ich ihr.

»Ist er wirklich Ihrer Meinung?«, fragt sie. »Oder ist er bequem? Ich habe manchmal den Eindruck, er versteckt sich hinter Ihnen.«

»Das kann wohl sein«, überlege ich, »aber es stört mich nicht.«

»Liebe«, sagt Frau Sieber-Dietrich. »Sonst tut man sich so etwas nicht an.«

Sie hat mich verstanden. Wir waren uns immer einig, dass wir Martha und Heinrich in Ruhe lassen. Wir lassen sie frei sein, solange das geht.

»Solange Sie das aushalten«, sagte Frau Sieber-Dietrich einmal beim Teetrinken. »Sie haben auch noch ein eigenes Leben.«

Ich sah Heinrich an, hörte Martha im Hintergrund fegen. Heinrich schenkte nach. Er war beleidigt.

»Wir sind doch eine Familie«, empörte er sich.

Frau Sieber-Dietrich sah ihn an. Sie lächelte fein.

»Eine Familie«, sagte sie, »nach Ihrem Belieben.«

Heinrich stand auf und ging zum Klavier. Er spielte Bach. Martha fegte.

»Ungewöhnlich«, sagte Frau Sieber-Dietrich. »Alles sehr ungewöhnlich, aber schön. Warum auch nicht.«

»Eine Betreuung, unbedingt eine Betreuung«, ist nun ihr Rat. Heinrich und Martha sind nicht verheiratet, ich bin nicht das Kind der beiden. Wir sind drei völlig freie Leute, juristisch null Bezug. »Das könnte«, sagt Frau Sieber-Dietrich, »ein Problem werden. Ich weiß nicht, welchen Richter Sie bekommen. Aber die sind nicht alle so liberal wie wir beide. Schreiben Sie mir eine Mail und regen die Einrichtung der Betreuung an. Ich brauche das schriftlich, sonst geht es hier nicht weiter.«

Ich fahre in die Buchhandlung, ich gehe nach hinten durch, ins Büro. Vorn viele Kunden. Schulbücher, Romane für den Strand. Saisongeschäft.

»Kannst du mir was empfehlen?«, ruft eine Kundin, »so für's Gemüt?«

»Moment, ich muss schnell was schreiben. Lass dir doch von Clara helfen.«

Clara sucht ihr Taschenbücher zusammen, und ich formuliere einen Text.

Sehr geehrte Damen und Herren soundso. Martha ist 82, sie hat einen Lebensgefährten, der jetzt stirbt. Ich bin die Buchhändlerin, und ...

Clara schaut zur Tür herein. »Die will nur mit dir.«

Ich gehe nach vorn, verkaufe der Kundin zwei Liebesromane vom Stapel. »Neunzehn Euro achtundneunzig.«

Moment, sie hat einen alten Gutschein. Sie nestelt an ihrer Tasche herum. »Fünfzehn Euro, von 2012.«

»Okay, dann bitte vier Euro achtundneunzig.«

Die Kundin freut sich. »Billig eingekauft, ne?«

2012, denke ich. Da kannte ich Heinrich und Martha noch nicht. Da saß ich mit Frau Fisch im Buchladen, und manchmal war mir langweilig. Mein Leben hat sich sehr verändert, in jeglicher Beziehung. Die Kundin merkt, dass ich heute nicht schwatzen will. Sie geht also.

Clara grinst. »Personenkult«, sagt sie.

Ich lache. Clara ist super. Sie ist eine Empfehlung von Frau Fisch. »Sie ist genau richtig für dich«, hatte

Frau Fisch gesagt. »Sie ist echt nicht blöd, und sie tanzt auch nicht nach deiner Pfeife.«

»Das hast du auch nie getan«, entgegne ich.

»Nee«, sagt Frau Fisch. »Aber Clara kann Computer.«

»Als ob es darauf ankäme!«

Weil ich eine Pause brauche, gehe ich vor bis zum Edeka. Frau Fisch räumt an ihrer Marmelade herum. Sie ist inzwischen die Leiterin des halben Supermarkts. Linke Seite, alle Regale. Und sie weiß manche Sachen immer noch etwas besser als ich. Ich berichte ihr von der Betreuung, von dem Papierkram, der mir droht. Frau Fisch sieht mich von der Seite an. »Das machst du ja nicht ständig und für jeden«, sagt sie, »also stell dich nicht so an. Und sei nett zu denen. Bürokraten haben auch Gefühle.«

Dann kommt ihr Vorgesetzter und sagt, sie soll nicht ständig schwatzen. »Ich hab angefangen«, nehme ich Frau Fisch in Schutz, »ich brauchte mal ihren Rat.«

»Okay«, sagt der Mann, »ausnahmsweise. Aber jetzt ist Schluss.« Frau Fisch wendet sich der Marmelade zu, und ich gehe zurück in den Buchladen, an Clara und den Kunden vorbei.

Ich schreibe eine förmliche Mail, in der ich die Einrichtung einer Betreuung für Frau Doktor Geißler anrege. Alter 82, nach meinem Eindruck dement. Keine Selbst-

und Fremdwohlgefährdung, aber ihr Lebensgefährte liegt im Sterben. Ich schlage mich selbst als Betreuerin vor, denn sonst weiß ich keinen.

Heinrich ist einverstanden.

»Aber der Text ist nicht poetisch, das kannst du schöner.«

»Mensch, Heinrich.«

»Ja, wieso. Martha befindet sich in der poetischen Phase ihres Lebens. Man sollte den Dingen stets angemessen Ausdruck verleihen.«

Martha fegt.

Ein paar Tage später habe ich Post vom Betreuungsgericht. Man habe ein Betreuungsverfahren in Gang gesetzt, steht da. Dieses bestehe aus drei Teilen. Zunächst komme der Amtsarzt, der entscheiden müsse, ob Martha aus Gesundheitsgründen eine Betreuung brauche. Wenn dieser sich eindeutig verhielte, kämen Sozialarbeiter vom Landkreis. Da würde man schauen, ob das Lebensumfeld beibehalten werden könne. Sie würden sich auch mit mir ausführlich unterhalten. Eignung und Einverständnis. Es sei ja schließlich ein Amt mit viel Verantwortung, ich möge mir das gründlich überlegen.

Heinrich liest den Brief auch.

»Papperlapapp«, sagt er. »Es kann überhaupt niemand außer dir Martha betreuen.«

»Betreuen?« Martha gebraucht das Wort mit Abscheu. Sie spuckt es eher aus. »Betreuen? Was soll das denn sein? Ich arbeite hier. Ohne mich bricht alles zusammen. Das wisst ihr doch.«

Ich habe sie mit ins Krankenhaus genommen, wir erklären ihr gemeinsam, dass wir eine Betreuung für sie einrichten werden. Wir haben ihr immer alles gesagt, ob sie es gerade verstanden hat oder nicht. Aber wir meinen, Heinrich und ich, dass wir immer ordentlich mit ihr reden sollten.

Heute versteht Martha nichts. Will nicht verstehen, motzt. Ich kann inzwischen unterscheiden, ob sie motzt, weil ihr gerade danach ist, weil das ihrem Temperament entspricht. Oder ob sie aus Unverständnis meckert. Dann verzieht sich das Gesicht zu einer Empörung, zu einem Durcheinander von Falten und Haaren. Wie jetzt.

Heinrich bemerkt es auch, er zeigt ihr erst mal seinen Katheter.

»Künstliche Entleerung«, sagt er. »Hier, der Schlauch. Da läuft der Urin aus mir raus. Und der andere, in dem ist Flüssigkeit. Kochsalzlösung, zum Spülen.«

Martha beruhigt sich. Ich gebe ihr ein Glas Wasser und sehe, wie sich ihr Gesicht aufräumt. Strafft, wieder Farbe annimmt. Heinrich liest den *Spiegel*, ich wende mich den Zetteln von der Betreuungsstelle zu. Martha macht auch irgendwas. Sie arbeitet.

»Martha, was machst du?«

»Ich repariere das Kabel«, schnauft Martha.

Heinrich blickt über den Rand der Brille. *Rumms*,

der Ständer mit dem Wasserbeutel kippt um. Ein Höllenlärm, die Flasche mit dem Kochsalzwasser ist in tausend Scherben zerborsten. Heinrich klingelt nach der Krankenschwester.

»So ist Martha«, sagt er. »Sie hat die Grundlagen meiner Existenz fest in ihrer Hand.«

Die Krankenschwester findet das nicht lustig. Es ist Samstagnachmittag, Fußball-EM. Sie ist ganz allein auf der Station, und eigentlich will sie ihre Ruhe. Ich sehe es ihrem Gesicht an, obwohl sie höflich bleibt. Ich kann sie gut verstehen; ich habe auch oft solche Situationen in meinem Arbeitsalltag. Die Krankenschwester will keine philosophischen Gespräche mit Heinrich, und sie will nicht, dass Martha ihr beim Fegen hilft.

»Komm«, sage ich. »Wir holen uns ein Eis.«

Martha willigt ein, und wir verlassen das Krankenzimmer. Sie läuft neben mir, legt ihre Hand in meine.

»Zwei Bällchen?«

Ich verstehe nicht sofort.

»Oder kann ich drei?«

»Einen Eisbecher«, sage ich, »mit Sahne und Schirmchen.« Martha läuft an meiner Hand wie ein kleines Mädchen. Wir sitzen draußen und essen viel Eis, ich habe einen Sonnenbrand nachher. Martha nicht, die wird immer nur braun. Am Ende des Sommers wird sie aussehen wie eine kleine alte Indianerin.

Später telefoniere ich mit Heinrich.

»Sie ist an meiner Hand gegangen«, sage ich, »es war sehr schön.«

»Sie hat sonst niemand auf der Welt«, sagt Heinrich. »Wenn ich tot bin, nur noch dich. Sie weiß das.«

Heinrich kommt nochmal nach Hause. Er wollte nicht ins Hospiz, er wollte auch nicht in die Kurzzeitpflege. Er will zu Hause sterben. Der Oberarzt bittet mich um ein Gespräch unter vier Augen.
»Sie wollen einen Krebspatienten im Endstadium nach Hause holen? Und wenn ich das richtig verstanden habe, ist da noch eine Lebensgefährtin? Eine stark demente alte Dame?«
»Ja«, sage ich, »genau. Er und sie, seit 43 Jahren.«
»Und wer sind Sie?«, will er wissen.
»Die Buchhändlerin. Ich bin eigentlich die Buchhändlerin.«
Der Arzt sieht aus dem Fenster. Es ist ein hohes Haus, und wir stehen im obersten Stockwerk. Wir schauen beide in den Himmel über Bielefeld. Ein Sommerabend, schon wieder so ein Sommerabend. Irgendwo schreit jemand: »Toooooor«.
»Respekt«, sagt der Arzt. »Ich gebe der Sozialarbeiterin Bescheid. Die hilft Ihnen mit dem Pflegebett und sucht einen ambulanten Dienst. Ich kann Sie nicht ganz allein damit lassen, wegen der Medikamente.« Er hält inne. »Und auch, weil ich finde, Sie können Hilfe annehmen.« Dann geht er. Ein freundlicher und taktvoller Mann, wie angenehm.

Ich bleibe noch, ich denke über Heinrich und Martha nach, über den Buchladen, darüber, dass ich in diesem Sommer eigentlich ein Buch schreiben muss. *Unser Landkreis in Bildern und Texten*, eine Auftragsarbeit.

»Ach«, sagt Heinrich, »das machst du mit links. Wenn ich erst mal tot bin. Martha hilft dir. Martha hat mir auch immer geholfen, wenn mein Kopf zu voll war.« Heinrich sieht mich an. »Sie hat so ihre Eigenheiten, aber sie steht zu dir.«

Dann schläft er ein. Er ist oft müde, er kann kaum noch den Kopf heben. Ein Körper voll mit Krebs, aber das Gehirn geht gut. Er ist eigentlich nur noch ein Gehirn mit Schläuchen dran. So kommt er zu uns nach Hause. Ein Rest von Mensch, das letzte Stückchen Lebensweg. Martha winkt den Krankenwagen in die Einfahrt. Sie steht kerzengerade, eine Königin.

Das Pflegebett steht mitten im Raum. Heinrich kann zum Fenster hinausschauen, er sieht die Bäume und hört das Rauschen der Blätter.

»Tut dir was weh, Heinrich?«

»Nein, nein.«

Der Pflegemann sagt, das kann nicht sein. Er müsste Schmerzen haben. Aber Heinrich wirkt nicht so. Heinrich ist zufrieden.

»Kann ich dich allein lassen? Ich kann nicht den Buchladen schließen, bis …« Ich beiße mir auf die Zunge. Bis er gestorben ist.

»Natürlich kannst du nicht schließen, bis ich tot bin. Wir müssen aber die Sache mit Martha noch fertigmachen. Vorher sterbe ich nicht.«

Die Sache, das ist die Einrichtung der Betreuung. Heinrich leuchtet das jetzt ein. Wir kommen beide gut mit Martha aus, aber Martha hat, objektiv betrachtet, einen erheblichen Schaden. Heinrich nennt es eine poetische Verfassung, ich sage Speicherproblem. Demenz klingt blöd, und Demenz heißt wörtlich übersetzt: ohne Verstand. Das kann man bei Martha so nicht sagen. Sie kann sich tatsächlich vieles nicht merken, und sie springt auch manchmal. Martha denkt zum Beispiel, ich sei ihre Studentin. Sie hat mich in der Uni getroffen und zur Feministin ausgebildet. Aber in anderen Augenblicken ist sie hellwach. Ich habe erst neulich ein Ikea-Regal mit ihr aufgebaut. Schrauben, stecken, zusammenfügen. Kein Problem für sie.

»Schwankt so etwas? Schwankt die geistige Klarheit?«, frage ich den Pflegemann.

»Jein«, sagt er. Es gibt helle und nicht so helle Tage, das ist wohl so. Aber bei Martha ist er nicht sicher, wo sie wirklich was vergisst und wo sie blufft. »Sie kann sich noch taktisch verhalten«, sagt er.

»Ja«, bestätige ich. »Sie hat es in der Hand.«

»Gott sei Dank«, sagt der Pflegemann. »Solange man seinen Willen noch so deutlich äußern kann, ist das bisschen Getüdel nicht gefährlich.«

Ich verlasse mich auf ihn, mir fehlt die Erfahrung. Ich werde immer wieder merken, er hat recht. Martha weiß sich bemerkbar zu machen. Und wenn nicht mit Sprache, dann auf einem anderen Weg.

Ein paar Tage später kommt die Amtsärztin. Sie fährt einen alten Mercedes, der irgendwie durchhängt. Bauern-Porsche, sagen die Leute. Auf der Rückbank eine karierte Hundedecke und ein Kindersitz, die Fahrerin trägt Perlenkette und Gummistiefel.

»Komm gerade vom Stall«, ruft sie. »Tut mir leid, aber die Fohlen. Unsere Enkelmädchen mussten die Fohlen streicheln.«

Ich finde sie originell, vom ersten Eindruck. Martha hasst sie. Martha sieht die Frau, sieht irgendwas, und verwandelt sich in eine Furie.

»Guten Tag«, stellt sich die Ärztin vor.

»Für Sie vielleicht«, stößt Martha hervor.

Ich biete einen Stuhl an, die Frau setzt sich. Martha verschränkt die Arme.

»Was will die hier?«, fragt sie mich.

»Ich wollte mich mit Ihnen unterhalten«, sagt die Ärztin.

»Geht mir nicht so. Ich habe auch zu tun.« Martha verlässt den Raum. Ich höre sie fegen.

Die Ärztin sieht mich an. »Die ist aber speziell«, meint sie.

»Sie ist okay«, sage ich, »aber sie will jetzt nicht.«

Die Ärztin spricht also erst mal mit Heinrich, und Heinrich schildert ihr die poetische Verfassung. Was ich dazu meine, fragt die Ärztin. Na ja. Sie braucht

Unterstützung, aber schlimm ist es nicht. In dem Moment erscheint Martha, den Besen erhoben.

»Ich schmeiß euch alle raus, ich kann euch auch erschießen. Ich habe solche – äh ...«

»Waffen«, helfe ich.

»Ja, Waffen. Los, raus. Ihr Verbrecher, ihr Nazis. Ihr blöden Kapitalistenschweine.«

Die Ärztin macht sich Notizen. *Eigen- und Fremdwohlgefährdung nicht auszuschließen*, lese ich später in ihrem Protokoll. *Unterbringung in einer Anstalt sollte erwogen werden.*

Und dann muss sie weiter, die Enkel. Sie wissen schon. Ich bringe sie zum Auto, sie sieht mich an:

»Sind Sie sich sicher, dass Sie die Betreuung wollen?«

»Ja«, sage ich. »Ja, natürlich.«

»Na gut, an mir soll das nicht liegen.« Sie steigt in ihren Benz und rauscht davon.

Martha steht hinter der Hecke. Sie linst hervor, sie hat Angst. Ich nehme sie an der Hand wie ein kleines Mädchen.

»Die kann dir nichts«, lüge ich.

Martha ist skeptisch. Wir reden lange mit ihr, Heinrich und ich. Wir erklären ihr noch einmal diese Betreuung, wir erklären, dass es doch alles nur dazu dient, dass Martha bei mir bleiben kann, wenn er ...

»Also nur wegen der Arbeit?«, fragt sie irgendwann.

»Ja, so ungefähr.«

»Okay, also wir machen einen Vertrag, dass ich bei dir arbeite, wenn Heinrich tot ist.«

»Meinetwegen.«

Ich schreibe auf: *Vertrag zwischen Martha und Martina über weitere Beschäftigung.* Wir unterzeichnen das, *Holterdorf, 18. August 2016.*

Es ist ihr 82. Geburtstag.

»Willst du ein Eis?«

Martha lächelt. »Ja. Aber die dumme Frau, die kommt nicht wieder. Versprichst du mir das?«

»Ja, ist okay.«

Martha nimmt den Vertrag mit ins Bett. Ich finde ihn viel später, als ich ihr Bett neu beziehe. Sie hat den Text ergänzt, mit Kajal.

MARTINA = OK, steht da.

Weitere Arbeit = OK!!!!!

Ausrufezeichen, auf der Spitze stehende Dreiecke mit einem Kringel drunter. Fünf Stück davon.

Die Gute, würde Heinrich sagen.

Am nächsten Morgen rufe ich im Sozialamt an.

»Haben Sie schon gehört?«, frage ich Frau Sieber-Dietrich.

Sie lacht: »Ja, natürlich. Stadtgespräch.«

»Kann uns das schaden?«

»Auf keinen Fall«, sagt sie. »Martha hat so einen verheerenden Eindruck hinterlassen, dass niemand außer Ihnen sich um die Betreuung bemühen wird.«

»Wäre das denn sonst möglich?«

»Nicht auszuschließen. Sie sind mit Martha nicht verwandt, und sie hat eine ordentliche Pension. Kein unattraktiver Fall für einen Berufsbetreuer. Aber nach dem Text winken die ab.«

»Taktisches Verhalten«, sage ich. »Martha kann sich taktisch verhalten, ob nun bewusst oder nicht.«

»Oh, das glaube ich auch«, erwidert Frau Sieber-Dietrich. »Martha hat Einschränkungen. Aber ihre Fähigkeiten machen das wett, mit Leichtigkeit.«

Eine schöne Beschreibung, finde ich. Fähigkeiten und Einschränkungen, das merke ich mir.

Viel später wird mich der Betreuungsrichter nach Marthas Fähigkeiten und Einschränkungen fragen.

»Ist das ein Code?«, erkundige ich mich.

Er lächelt. »Nein. Aber ich weiß, wer so über alte Menschen gesprochen hat. Ich erkenne daran, wer Sie begleitet hat.«

Heinrich ist zu dem Zeitpunkt acht Wochen tot. Und Frau Sieber-Dietrich lebt auch nicht mehr. Sie hat kondoliert, als Heinrich gestorben ist. Wir wollten uns dann zum Kaffee verabreden, nein, Tee. Grüner Tee, wegen der Nerven, Sie wissen schon. Aber als ich anrufe, um einen Termin auszumachen, antwortet eine andere Stimme. Frau Sieber-Dietrich ist am Schreibtisch tot zusammengebrochen. Herzinfarkt mit sechsundfünfzig, vier Wochen nach Heinrichs Tod.

Ich habe sie beweint, ihr Tod ist mir auf eine Weise näher gegangen als der von Heinrich. Er war alt, er hatte sein Leben gelebt. Er hatte sich vom Leben genommen, was er wollte. Egal, was andere, egal, was

Martha und ich dazu meinten. Heinrich war gestorben, wie er gelebt hatte: In Freiheit. Aber Frau Sieber-Dietrich hatte für die anderen gelebt.

Am Schreibtisch sterben, was für eine böse Ironie. Als hätten sie und ich nicht so oft darüber gesprochen, dass Leben und Sterben eben keine Verwaltungsangelegenheiten sind.

»Eine stille Heldin«, sage ich zum Betreuungsrichter.
»Fähigkeiten und Einschränkungen«, erwidert er.
»Das Leben ist oft nicht fair.«

Nach dem Desaster mit der Amtsärztin kommt jemand von der Betreuungsstelle, eine Sozialarbeiterin. Sie ist in meinem Alter, sie ist patent. Sie stellt sich Martha vor und macht ihr Komplimente. Sie habe die Haare so schön, und auch die Küche – nicht schlecht für 82 Jahre. Martha freut sich.

»Ich mach das alles selber«, erklärt sie. »Die beiden, also der Herr Professor und die junge Frau, die sind ja einfach zu studiert. Die kriegen in der Hinsicht gar nichts hin.«

Ich verdrücke mir ein Lächeln.

»Ich habe auch Kuchen gebacken«, sagt Martha. »Moment.«

Sie geht zum Geschirrspüler. Das ist ihr Speicher, darin verwahrt sie ihre Schätze: Schokoladenhasen, Instant-Cappuccino, ihre Pantoffeln, ein Foto von Heinrich. Sie kramt.

»Wo ist der verdammte Kuchen?«, fragt sie.

Taktik, denke ich. *In Taktik bist du unerreicht.*
Ich hole ein Paket Fertigkuchen aus dem Kühlschrank. Zitrone mit Zuckerguss von *Dr. Oetker*.
»Bitte, der Kuchen.«
»Gut«, sagt Martha, »dann machst du aber auch den Rest.«
Sie setzt sich, ich bereite Kaffee, und wir unterhalten uns. Die Sozialarbeiterin spricht auch mit Heinrich, allein. Martha isst in der Zwischenzeit den Tütenkuchen auf, ein halbes Pfund Zuckerzeug.
»Stress macht hungrig«, meint die Sozialarbeiterin.
Martha schiebt mit den Fingern Krümel hin und her.
»Ich kenne keinen Stress«, sagt sie. »Wer ist dieser Stress?«
Ich werde in dem Bericht der Sozialarbeiterin später lesen, dass Martha sehr geschickt im Umgang mit ihren Defiziten sei. Martha lasse mich Dinge für sie regeln, Kuchen und andere Angelegenheiten. Sie vertraue mir.
Das ist gut beobachtet, denke ich. *Sensibel.*
Die Sozialarbeiterin will dann noch sehen, wie die Räume sind. Heinrichs Zimmer, Marthas Zimmer, mein Kinderzimmer. Heinrich hat ihr gesagt, ich hätte eine Art Kinderzimmer bei ihnen bezogen. Das sei zwar nicht direkt meine Rolle, aber Martha hätte sich damals über den Begriff Gästezimmer aufgeregt.
»Gäste gehen wieder, und sie bleibt. Dass das klar ist.«
»Wann war das?«, frage ich ihn. Ich kann mich an die Situation nicht erinnern.

»Nein, nein«, sagt Heinrich, »da waren wir auch allein, das war bald nach dem Fahrradunfall. Da hat sie angefangen, dir ein Zimmer einzurichten. Sie hat einen ganzen Tag gearbeitet, hat Kissen und eine Decke gesucht, hat mich losgeschickt, Bettwäsche kaufen.«

Ich erinnere mich dunkel, stimmt. Bettzeug mit kleinen Enten.

»Gelb ist ihre Lieblingsfarbe«, sagt Heinrich, »deswegen. Enten sind ihr egal.«

»Ach, deswegen.«

»Ja, und sie hat damals gesagt: Heinrich, wir sind nicht die Jüngsten. Wenn wir schon einen brauchen, dann sie. Sie ist okay, sie kann bleiben.«

Ich finde das rührend. »Sie kriegt viel mehr mit, als die Leute meinen, oder?«

»Alles«, sagt Heinrich. »Du kannst nichts vor ihr verbergen. Zumindest nichts, was wichtig ist.«

Und dann wird es still. Heinrich kann nicht mehr richtig sprechen. Er kann formulieren, aber seine Stimmbänder sind kaputt. Nur noch Geräusche. Das ist ein herber Einschnitt für mich, das ist der Moment, in dem ich begreife, dass er stirbt.

Heinrich hat immer geredet, Heinrich hat manchmal so viele Worte gemacht, dass ich um Stille gebeten habe.

»Ich kann keinen klaren Gedanken fassen, wenn du in einem fort nur redest, Heinrich.«

»Man hat sich daran gewöhnt«, sagte er dann, »man ließ mich reden.«

Martha saß dabei, sie verdrehte die Augen. »Aber keiner hat dir zugehört, weil du viel zu viel geredet hast.«

»Ach, hör doch auf«, empörte sich Heinrich. »Alle haben zugehört, nur du nicht. Du hast immer gemacht, was du wolltest.«

»Natürlich!«

Marthas Augen blitzten. Sie rüstete sich. Einem kleinen Zwist mit Heinrich war sie nie abgeneigt. Und dabei störte auch nicht, dass ihr manchmal die Worte fehlen. Sie kennt ihn über vierzig Jahre, und sie hat angeblich nie zugehört. Aber sie weiß, welche seiner Worte etwas bedeuten. Und sie weiß jetzt, bald ist es aus.

»Dein Freund stirbt«, sagt sie. Wir sitzen in der Küche, an diesem Tisch, der in den Raum ragt wie eine Mauer. Ihre Seite, seine Seite. Jeder mit einem Küchenstuhl, dessen Lehne die Wand berührt. Sie sitzen einander nicht gegenüber, sie sitzen parallel. Seit 43 Jahren. Sie haben viel gestritten, sie haben sich betrogen und einander weisgemacht, dass einer ohne den anderen bestens leben kann. Darüber sind sie alt geworden.

Und jetzt bleibt Martha übrig.

»Das muss auch so sein«, sagte Heinrich. »Sie ist viel zäher als ich. Sie ist eine Löwin, wenn du ihr etwas bedeutest.«

Das Gespräch fällt mir wieder ein. Ich weiß gar nicht mehr, wie damals die Rede darauf kam, aber jetzt sitzt die kleine alte Löwin auf ihrer Seite des Tischs und sieht an mir vorbei. Parallel, klar. Ich drehe meinen Stuhl um fünfundvierzig Grad.

»Mach das doch auch«, bitte ich sie, »damit ich dein Gesicht sehe.«

Martha rutscht auf ihrem Stuhl herum. Sie will nicht. Dann doch. Ich sehe, dass sie weint.

»Willst du nicht, dass ich dich weinen sehe, Martha?«

Sie zögert. »Doch«, sagt sie dann. »Du glaubst doch nicht, dass ich mich vor dir schäme!«

Das Telefon klingelt, das Haustelefon. Bloß nicht wieder dieser Idiot, der den Rasen mähen will. Gegen Bargeld. Seit ich gesagt habe, er soll mir fernbleiben, weil ich ihn sonst wegen Schwarzarbeit anzeige, ruft er noch öfter an. Heinrich hat mir das erzählt. »Der ist echt penetrant, sieh dich vor.«

Martha geht zum Telefon.

»Junger Mann«, höre ich sie sagen. »Junger Mann, Sie stören heute. Und wenn ich sage, stören, dann meine ich stören. Wir haben uns verstanden, klaro?«

Sie knallt den Hörer auf. Martha kann mit Worten schießen.

Es läutet noch einmal. Sie hebt auf. Ich rüste meine Ohren für Gezeter. Aber sie wechselt den Ton.

»Ich komme. Ich komme sofort, Heinrich.«

Sie geht zu Heinrich, in das Krankenzimmer, das jetzt wohl ein Sterbezimmer ist. Ich folge ihr. Er hebt die kleine Plastikflasche, in die wir sein Trinkwasser füllen. Er hat Durst. Martha nimmt sie und kehrt in die

Küche zurück. Sie macht sich am Wasserhahn zu schaffen. Es dauert.

Heinrich sieht mich an, Heinrich will etwas sagen, aber er hat keine Worte mehr. Er nimmt sein Handy und wählt das Haustelefon. Martha stellt den Wasserhahn aus, geht zum Telefon, hebt auf.

»Ach ja«, höre ich sie rufen. »Ach ja, diese Flasche.«

Sie läuft zum Wasserhahn, füllt ein Glas und kommt zu uns. Sie setzt Heinrich das Glas an den Mund, ganz behutsam. Er trinkt mit kleinen Schlucken, und wenn etwas danebengeht, tupft Martha mit einem Waschlappen an ihm herum. Sie verzieht keine Miene. Ich habe großen Respekt vor ihr.

Am nächsten Tag ist Heinrich tot. Keine Schmerzen, keine Drogen. Er hat die Kurve gekriegt, irgendwie. Ich frage den Pflegemann, der in der Buchhandlung angerufen hat, um mir Bescheid zu geben. Wie kann das sein? Ich habe Höllenversionen gehört, ich kenne lauter schreckliche Bilder. Und Heinrich ist einfach eingeschlafen, an einem Mittwochmorgen zwischen neun und halb zwölf. Um zehn vor neun bin ich gegangen, da hatte er über Martha sprechen wollen.

»Martha, Martha«, krächzte er. Wohl seine letzten Worte.

Aber ich musste weg, ich hatte Termine. Ich musste Schulhefte bestellen und einen Artikel fertigschreiben. Um halb zwölf hat ihn der Pflegemann gefunden, friedlich.

»Wo ist Martha?«, frage ich.

»Trinkt Kaffee«, sagt er. »Sitzt hier.«

»Ich komme«, sage ich. Ich schließe den Laden ab, hänge einen Zettel in die Tür – dringende Angelegenheit. Ich setze mich ins Auto, fahre über die große Straße aus der kleinen Stadt hinaus. Biege ab nach links, dann geradeaus, folge der kleinen Straße. Fahre und fahre. Es ist unwirklich. Es sind nur acht Minuten, und ich bin diese Strecke oft gefahren. Aber ich fahre sie an dem Tag für eine lange Zeit zum letzten Mal. Danach nehme ich einen anderen Weg.

Fast zwei Jahre später fahre ich wieder diesen Weg. Jemand ist dabei, der die Geschichte kennt, der so tut, als sehe er meine Tränen nicht. So lange wird es dauern.

»Mein Beileid«, sagt der Pflegemann.

Martha steht neben ihm. »Meins auch«, sagt sie. »Ich geh jetzt Heu machen.«

»Nee«, sage ich. »Komm mal mit.«

Ich nehme sie an der Hand, wir gehen in Heinrichs Zimmer. Er liegt da, als ob er schläft. Martha nimmt sein Gesicht in beide Hände, sie küsst ihn auf den Mund.

»Mach's gut«, sagt sie. »War schön mit uns.«

Wir weinen ein bisschen, ich mache Kaffee.

»Jetzt muss ich ins Heu«, sagt Martha. »Nachher gibt es ein Gewitter.«

Ich wechsle Blicke mit dem Pflegemann.

»Ist okay«, sagt er. »Jeder hat so seine Art.«

Er wartet, bis der Leichenwagen kommt.

»Ruf mich an, wenn was ist«, sagt er. »Du wirst noch viel Ärger mit ihr haben.«

»Mit Martha? Glaub ich nicht.«

»Nicht mit, aber wegen ihr«, sagt er.

Ich speichere den Satz. *Nicht mit, aber wegen ihr.*

Und dann gehe ich Martha suchen. Sie ist draußen, sie arbeitet am Rand des Feldes. Die Straße ist nur bis zu Gertruds Haus befestigt, danach ist sie eigentlich nur ein Streifen Ackerland zwischen zwei Feldern. Hubert und ich fahren mit unseren Autos von der anderen Seite heran; zu Gertruds Seite wächst im Sommer alles zu. Von dort sieht man unser Haus dann gar nicht mehr. Aber jetzt ist das Gras gemäht, und Martha macht Heu. Stimmt, das ist mir gestern Abend schon aufgefallen. Irgendjemand hat das lange Gras gemäht. Wie bestellt, um Heinrich den letzten Weg zu bereiten. Ich glaube nicht an Übersinnliches, aber in dem Augenblick ist es wie eine Fügung.

Ein Traktor nähert sich. Eine riesige Landmaschine, jeder Reifen größer als ich. Der junge Bauer springt herunter. Er zieht seine Mütze:

»Mein Beileid!«

»Meins auch«, sagt Martha und macht weiter.

»Haben Sie gemäht, gestern?«

»Ja, wir dachten, das wäre gut. Martha hatte uns gesagt, dass er schwer liegt.«

In der Ferne grummelt es, schwarze Wolken.

»Los«, schimpft Martha. »Wir müssen das Heu fertigmachen.«

Ich helfe ihr und denke nicht. Schwer liegen, ein schönes Bild. Er hat schwer gelegen, und jetzt ist er wieder leicht – wo auch immer.

Der Bauer kommt nochmal. Er dreht seine Mütze.

»Was wird denn jetzt aus ihr?« Er deutet mit dem Kopf auf Martha.

»Sie bleibt«, sage ich.

Martha macht ein undefinierbares Geräusch. »Was denn sonst«, sagt sie dann. »Einer muss hier ja für Ordnung sorgen.«

Der Bauer lächelt. »Das wird eine Geschichte«, sagt er. »Aber ich find's gut.«

»Sie ist in Ordnung«, sagt Martha. »Sonst hätte ich sie natürlich längst vertrieben.«

Der Bauer grinst. »Unverwüstlich«, sagt er. Er geht zurück zu seinem Traktor, er pflügt. Martha macht noch etwas Heu, sie recht die Grashalme zu Haufen zusammen, und dann gehen wir ins Haus, um zu essen.

Ich rufe Heinrichs Schwester an.

»Er ist jetzt tot«, sage ich.

Sie schweigt. »Was ist mit Martha?«, fragt sie dann.

»Martha bleibt natürlich hier«, sage ich. »Wo soll sie denn sonst hin?«

Heinrichs Schwester ist eine praktische Frau. »Sie ist dement«, sagt sie, »Demenzpatienten werden sehr alt und machen viel Quatsch.«

»Ich mache Heu«, sagt Martha. »Und ich werde hundert.«

»Ich werde ihre Betreuerin«, sage ich ins Telefon. »Wir haben das zusammen beantragt, Heinrich und ich. Es ist ein kompliziertes Verfahren, mit dem Betreuungsgericht und dem Sozialamt und ...«

Martha quatscht dazwischen. Ich habe den Lautsprecher angemacht, ich finde es sonst doof, über sie zu sprechen, wenn sie dabeisitzt. »Die haben doch alle keine Ahnung. Wer betreut hier schließlich wen?«

»Also, ich erzähle dir das bei Gelegenheit.«

Wir sprechen über die Beerdigung, über den Gottesdienst. Wir weinen noch ein bisschen, und dann ist es gut.

»Weißt du«, sagt Heinrichs Schwester. »Er wäre nicht so schön gestorben, wenn er nicht wüsste, Martha hat es gut.«

Wir essen Abendbrot, wir räumen auf. Es ist fast wie immer, nur leichter. Martha sitzt auf ihrer Seite des Küchentischs, und ich sitze auf Heinrichs Platz. Sie sieht mich an.

»Wir haben das ganz gut gemacht«, sage ich.

»Natürlich«, sagt Martha. »Wie denn sonst? Was machen wir morgen?«

»Dasselbe wie immer. Aufstehen, Kaffee trinken, zur Arbeit fahren.«

Martha nimmt einen Zettel. *Morgen*, schreibt sie. *Doppelpunkt. Morgen: Aufstehen.* Ist morgen Sonntag?

Nein, Donnerstag. *Donnerstag, 8. September.* Sie schreibt das auf, sie verstaut den Zettel bei den tausend anderen auf ihrer Fensterbank. Und dann geht sie ins Bett.

Ich sitze noch da, ich betrachte die Fensterbänke. Marthas Fensterbank ist aufgeräumt. Sie hat da drei Blumentöpfe, einen Plüschbären, eine Schneekugel, fünf Kaffeelöffel und einen Stapel Zettel. Alles ordentlich, in Reih und Glied. Heinrichs Fensterbank quillt über. Bücher, Zeitungen, ein halber Apfel, jede Menge Briefe und ein paar Fotos.

Ich sehe die Bilder durch. Heinrich mit Fahrrad, Heinrich in Badehosen. Heinrich und Martha in einem Restaurant, vor sich Spargel. Ein Bild von Heinrich und mir, das hat Frau Fisch gemacht. Wir sitzen vor dem Buchladen, mit Eis. Heinrich hat dieses Fahrradtrikot an, außerdem Anzughosen, Wollsocken und seine Kaufhaussandalen. Ich trage Jeans und irgendwas mit Punkten. Flache Schuhe.

Wenn ich sagen müsste, wann genau ich angefangen habe, mit alten Leuten zu leben: An dem Tag, als ich mir das erste Paar Gesundheitsschuhe gekauft habe. Viel laufen, leicht laufen. Leben mit alten Leuten ist eine verflixte Rennerei.

Wir müssen Heinrich noch beerdigen. Viele Leute sind gekommen, ich kenne fast niemand. Sie tuscheln. »Die da«, höre ich. Eine Frau zeigt mit dem Finger auf mich. Ein Mann sagt mit falscher Freundlichkeit:

»Nett, junge Frau. Nett für so eine Altenpflegerin, dass Sie auch noch an der Beerdigung teilnehmen. Aber dass Sie Ihre Großmutter mitgebracht haben. Also, ich muss doch sagen, das gehört sich nicht.«

Martha scheint ihn zu kennen, sie scharrt neben mir mit den Füßen im Kies herum. Wir stehen am Eingang zum Friedhof, vor uns die Sargträger, dahinter Trauergäste. Martha misstraut dem Mann, ob von früher oder jetzt akut, vermag ich nicht zu sagen. Ich speichere den Eindruck.

Dann erscheinen zwei Frauen, mittelalt, eher zwanglos gekleidet. Ich finde sie unpassend und weiß noch nicht, ob das nur an ihren Ringelpullovern liegt. Da ist noch etwas anderes.

»Gertrud ist tief betroffen«, sagt die eine von ihnen. Sie hat sich nicht mit Namen vorgestellt, aber jetzt erinnere ich mich. Hulda, die Perlenfrau. Sie hatte mal mit Gertrud und ein paar anderen Frauen bei Heinrich im Garten gesessen.

Es ist lange her, ich hatte damals noch kein Auto und war mit dem Fahrrad gekommen. Ich schwitzte und ging ins Haus, um mich zu waschen. Martha hatte im Badezimmer gestanden und mit viel Energie am Waschbecken herumgescheuert. Ich merkte, dass sie die Besucherinnen nicht leiden konnte.

»Wo ist sie denn?«, frage ich. »Kommt Gertrud nicht zur Beerdigung?«

»Nein«, sagt Hulda, »sie hatte auf Ihren Anruf gewartet.«

»Sie hat doch eine Trauerkarte bekommen«, wende ich ein. Ich bin ganz sicher, dass Gertruds Name auf der Liste stand, die ich beim Bestattungsunternehmer abgegeben habe.

»Schulten Gertrud ist es gewohnt, dass man sie persönlich anspricht«, sagt Hulda doppeldeutig, »denn sie ist ja schließlich wer.« *Anders als du*, soll das heißen, jetzt verstehe ich es. Meinetwegen. Heinrich ist bald unter der Erde, und sie werden Martha und mich kaum besuchen – weder Hulda noch Gertrud. Wir sind uninteressant für sie.

»Martha«, jetzt fasst Huldas Begleiterin Martha unter dem Arm, »also, dann kommst du endlich zu uns. Wir haben auch gerade ein Zimmer frei. Frau Brinkmann ist vorgestern gestorben, das passt doch wunderbar.«

Ich glaube, ich verhöre mich. Ich kannte die Frau, eine Kundin. Es ist klein auf dem Land, jeder kennt jeden. Und ich weiß, Frau Brinkmann war zuletzt ein schwerer Pflegefall. Sie hat nur noch gelegen, musste künstlich ernährt und beatmet werden. Die Ärmste. Aber das hat doch mit Martha nichts zu tun. Diese Frau bietet nicht ernsthaft bei Heinrichs Beerdigung einen Platz im Altersheim an, oder? Aber sie spricht weiter, als sei es ohnehin beschlossene Sache. Ich höre sie von der Haushaltsauflösung reden, bei der man gern behilflich sei, natürlich gegen einen Obolus. Sie zwinkert mir zu.

Martha, an meiner Seite, bewegt sich. Ich kenne

diese Art von Hin und Her, sie ruckelt sich in Position. Es fehlt nicht viel, und sie wird randalieren. Ich kann sie gut verstehen. Ich mache eine Kopfbewegung zur Seite. *Wir gehen*, bedeute ich ihr. Sie versteht mich, wortlos. Wenn es darauf ankommt, versteht sie blitzschnell.

Wir gehen fort, entfernen uns von der Trauergemeinde, machen erst kleine Schritte, vorsichtig. Dann schneller, beschwingt. Wir sind Komplizinnen, denke ich.

»Schwestern«, sagt Martha, als wir im Auto sitzen. »Kleine Schwester, große Schwester«.

»Und wer ist wer?«, frage ich.

»Bist du doof?«, foppt sie. »Wer ist denn hier die Riesin?«

Ich erzähle Heinrichs Schwester später davon. Sie berichtet, die Trauergemeinde habe sich beim Leichenschmaus empört, dass ich fehlte. Sie hätten mich doch in Augenschein nehmen wollen.

»Pah«, sage ich. »Mustern und bewerten. Vergiss es doch.«

Heinrichs Schwester lacht bitter. »Es war erbärmlich. Aber nun sind sie fort, und er ist bei euch.«

Das stimmt. Heinrich ist hier begraben, hier bei mir. Neben ihm ist Platz für Martha, und ich bin die Inhaberin der Grabstätte. Heinrichs Schwester findet das richtig. Wir verabreden, dass wir mit Martha zusammen einen Grabstein aussuchen wollen. In einem Jahr oder in zweien. *Noch so eine alte Frau,* denke ich, *die lange leben möchte. Schön ist das.*

Wir gehen am Tag nach der Beerdigung zusammen ins Eiscafé und bestellen große Becher.

»Lokalrunde«, sagt Heinrichs Schwester. »Eine Kugel Zitroneneis für jeden.«

Es ist ein warmer Tag, ungewöhnlich für Mitte September. Schwül, Gewitter liegt in der Luft. Das Eiscafé ist voll, und viele der Gäste können sich an Heinrich gut erinnern.

»Er wird dir fehlen«, sagt einer.

»Er ist nicht weg«, sage ich, »er ist nur woanders.«

»Und ich«, sagt Martha, »ich bin noch lange nicht weg. Dieses Dings ist vorzüglich. Dieses, äh ...«

»Zitroneneis«, sage ich. »Heinrich mochte es am liebsten.«

»Stimmt«, seufzt Martha. Sie sieht in die Ferne. Sie sieht dort etwas, das ihr gefällt. Sie ist verzückt. Verliebt. Martha ist immer noch in Heinrich verliebt. Wir haben viel gemeinsam. Martha nascht zum Beispiel gern. Ich auch. Wir essen Schokolade und Pralinen, Törtchen, Cremeschnitten. Wir essen genussvoll jede Menge ungesunder Sachen. Heinrich hat sich darüber aufgeregt. Er hat uns Äpfel aufgeschnitten. Halbiert, geviertelt, geachtelt. Die Achtel in hauchdünne Streifen aufgeteilt; beinahe durchsichtige Apfelspaltenfächer waren das. Ich habe sie gern gegessen, weil es Liebesbeweise waren. Martha hat mir ihre immer abgegeben.

»Wenn du so alt bist wie ich, glaubst du auch nicht mehr an Liebe. Oder ich habe dir das vorher schon beigebracht.«

»Ich mag die aber auch, die Äpfel.«

»Gut. Wir tauschen. Sechs solche gegen sechs solche.«

Solche ist ein Sammelbegriff. *Solche solchen* sind Gegenstände des Alltags, deren Bezeichnung Martha gerade nicht einfällt. Ich habe gelernt, nicht zu fragen. Solche solchen sind meistens nicht weit weg, sie muss sie nur gerade finden.

Ein Abend mit Martha und Heinrich fällt mir ein, noch ganz am Anfang. Wir saßen am Kamin, und Heinrich machte sich Gedanken, weil wir so viel naschten, Martha und ich.

»Industriezucker. Sie ist schon total verblödet, und du bist auf dem besten Weg dahin.«

»Ich esse einfach gern Süßigkeiten.«

Martha kam herein und brachte eine Schachtel *Merci*-Schokolade. Nussmischung, die grüne Verpackung.

»Martha, du hast sie geklaut«, schimpfte Heinrich. »Ich kaufe für dich die blauen *Mercis* und für Martina die grünen.« Blau ist Praliné, und es gibt auch noch Braun. Herrenschokolade. Aber die mögen wir nicht.

»Wieso. Sie sind doch noch da. Geklaut ist weg. Die *Mercis* waren nur umgespeichert.«

Da war das Wort. Die *Mercis*, die Schokolade. Sie hat

sie aus einer Schublade gezogen, und in dem Moment ist der Begriff zurück.

»Du musst nicht meinen, sie sei dumm«, sagt Heinrich später. »Sie war immer geistreich, und das ist sie bis heute. Sie ist nur irgendwie verschaltet.«

»Weißt du, warum?«

»Ich vermute«, sagte Heinrich, »sie hat das für sinnvoll erachtet. Es war aber nie ihre Angewohnheit, mir Rechenschaft zu geben.«

Heinrich war ein Meister im Ausweichen. Ich habe mich oft darüber geärgert, ich finde Ungenauigkeit unhöflich.

»Kannst du bitte einmal eindeutig sein, Heinrich? Ich schätze klare Worte.«

»Ich auch«, sagte Heinrich. »Aber ich kann dir über Marthas Gehirn nichts Näheres sagen. Irgendwann ist mir aufgefallen, dass ihre Tätigkeiten ziellos wurden. Sie blieb tätig, aber es wurde sinnfrei.«

»Und habt ihr etwas unternommen?«

»Sie hat idiotische Tests machen lassen.«

»Inwiefern idiotisch?«

»Der Arzt ist ein Idiot. Was er tut, ist per definitionem idiotisch. Und er kann auch nichts daran ändern, dass sie alles vergisst.«

»Wann war das?«

»Vor zehn Jahren etwa. Ungefähr zu der Zeit, als sie meinte, im Kreisverkehr gilt Rechts vor Links. Ach, dieses Theater mit der Polizei immer.«

»Was war da los?«

»Sie haben ihren Führerschein einbehalten. Und Martha hat den Wachmann so beschimpft, dass er sie fast angezeigt hätte.«

Ich konnte es mir vorstellen. Ich sah das Polizeiauto mit zwei Personen drin. Der Kreisel bei der Tankstelle, ein kleiner Stau. Marthas Auto leicht schräg mittendrin, es hält den Verkehr auf. Und Martha als Furie, schimpfend.

»Heinrich, war das so? So ungefähr?«

»Ganz genau. Ich musste mit dem Fahrrad kommen, und ich hatte gerade Heu gemacht.«

»Also in Badehosen? Mit Gummistiefeln?«

»Ich hatte noch einen Pullover angezogen. Wegen dem Eindruck.«

Ich verkniff mir das Lachen. Die zeternde Martha und Heinrich in Badehosen. Aber ein BMW mit Ledersitzen, und Heinrichs Rennrad ist auch nicht vom Aldi. Ich muss mir gut überlegen, wem ich es schenken werde.

»Du kannst ruhig lachen. Es war wirklich komisch. Wir haben sie mit Absurdität bezwungen. Sie sind in ihr Polizeiauto gestiegen und weggefahren.«

»Und dann war Ruhe?«

»Na ja. Wir haben uns arrangiert. Ich hatte genügend Speicher für uns beide.«

Ich habe mit vielen Menschen über Martha gesprochen, mit Experten, die kluge Sätze sagten. Aber niemand hat Martha so gut beschrieben wie Heinrich. Er kannte sie am besten. Deswegen rufe ich mir die alten Gespräche auf, wenn ich nicht genau weiß, wie ich mit Martha umgehen soll oder wenn uns jemand zu nahe tritt, wie Hulda und die andere Frau bei der Beerdigung. Sie ist die Cousine der Pflegedienstleitung, hat mir Hubert erzählt. Ich weiß, dass Heinrich ihn sehr gut leiden konnte. »Redlich«, war sein Ausdruck gewesen, »Hubert ist von einer altmodischen Redlichkeit. Und er weiß die ganzen alten Geschichten. Wenn die Dorfleute dir etwas erzählen, das dir komisch vorkommt, musst du es bei Hubert überprüfen. Du kannst dich hundertprozentig auf ihn verlassen, ganz bestimmt.«

Martha hatte ihm beigepflichtet. Sie mag Hubert, sie war mit ihm beim Friedhof und hat mit ihm an Heinrichs Grab Sonnenblumen aufgestellt. Es sah schön aus, natürlich. Zwischen lauter kunstseidenen Schleifen die großen Sonnenblumen aus Huberts Garten.

»Ich habe sie von Martha geschenkt bekommen«, hatte Hubert erzählt, »vor bestimmt dreißig Jahren. Sie hat sie mit dem Spaten aus ihrem Garten ausgegraben, so tief gingen die Wurzeln.«

Also frage ich Hubert nach Martha. Wir stehen am Gartenzaun, Martha bearbeitet Laub, die ersten gelben Blätter. Hubert sieht in die Luft.

»Die Leute reden viel dummes Zeug«, sagt er. »Wir wussten alle, dass Martha tüddelig wird. Aber ich hatte immer den Eindruck, dass Heinrich gut für sie sorgt. Deswegen habe ich mich rausgehalten.«

»Es kann kein schlimmer Krankheitsverlauf sein«, überlege ich laut. »Wenn die Sache mit dem Auto zehn Jahre her ist, hat Marthas Gehirn sich seither nicht wesentlich verschlechtert.«

»Das war ziemlich lustig damals«, erinnert sich Hubert. »Ich weiß, man soll über solche Sachen nicht lachen, über die Vergesslichkeit. Aber es war ein herrliches Bild. Sie waren unkonventionell, und das gefiel mir so gut. Sie haben sich einer Situation nie ergeben, sondern immer noch ein Spiel daraus gemacht.«

»Ich kenne, von meinen Eltern vielleicht abgesehen, kein anderes so inniges Paar wie euch«, sagte ich eines Abends zu Heinrich. Da lag er schon in seinem Pflegebett zwischen den Schläuchen und sah aus dem Fenster. Martha fegte im Hintergrund herum. An der Energie des Besenschwungs konnte ich hören, dass etwas sie stark beschäftigte.

»Wir sind kein Paar. Ich habe ihr gesagt, sie soll sich an dich halten, wenn ich tot bin.«

»Natürlich. Aber jetzt sag doch mal, wie willst du es anders nennen? Also euch beide?«

»Eine Arbeitsgemeinschaft, im Jargon der Zeit.«

»Du weichst mir aus.«

»Ja. Ich hielt die Dinge gern im Ungefähren. Martha hat das verstanden. Deswegen ist sie bei mir geblieben.«

»Trotzdem.«

»Du bist meine große Liebe.«

»Ich bin die letzte Liebe. Martha ist die große Liebe.«
»Wenn du meinst.« Aber er war nicht einverstanden.
Martha unterbrach ihre Tätigkeit.
»Ich arbeite hier weiter. Dass das klar ist.«
»Logisch«, sagte ich. »Wir sind eine Arbeitsgemeinschaft.«
»Arbeitsgemeinschaft«, sinnierte Martha. »Moment. Ich schreibe mir das auf.«

Sie verließ den Raum. Ich hörte sie in der Küche rascheln. Sie suchte Papier und Bleistift. *Schreiber*, in ihren Worten. Es gibt *Schreiber* und *Schneider*, *Abtrockner*, *Feger*, *Aufkehrer*. So geht das eine Weile, und dann sind es wieder Stifte und Scheren. Ich habe gelernt, dass Martha umso besser spricht, je sicherer sie sich fühlt. Bei Stress entgleiten ihr die Worte.

Heinrich ist nun schon ein paar Wochen tot, der Sommer endgültig vorbei. Inzwischen bin ich Marthas ehrenamtliche Betreuerin für die Bereiche Gesundheit und Aufenthaltsbestimmung. Außerdem wird ein Berufsbetreuer eingesetzt, ein Rechtsanwalt, der Marthas Geld verwaltet.

»Kein Misstrauen«, sagt der Richter, »aber in der Konstellation ist es besser, dass Sie einen Profi dabeihaben. Wer weiß, was noch passiert.«

Ich sehe ihn an, ich mag Kontrolle nicht.

»Sie sind gehalten, die bestmögliche Versorgung zu organisieren«, erklärt der Richter. »Sie dürfen dafür auch gern viel Geld ausgeben. Aber es ist einfach besser, wenn ein Berufsbetreuer das übersieht. Alte Leute und Geld, Sie wissen schon.«

»Okay«, sage ich, »das ist eine gute Idee.«

Ein paar Wochen später lerne ich den Anwalt kennen. Er hat ein kleines Büro in einer großen Kanzlei, er sitzt da wie Hölderlin in seinem Turm. Irgendwas ist komisch, aber ich weiß noch nicht was. Vielleicht nur, dass der Mann so groß ist – bestimmt einen Meter neunzig. Und er muss sich um Einkaufszettel kümmern, er muss überprüfen, ob auf den Kassenbelegen, die ich für Martha einreiche, nicht Dinge für mich oder andere auftauchen. Das ist nicht so schlimm, das kenne ich vom Steuerberater. Ich habe einmal aus Versehen vom Firmenkonto einen Einkauf in der Drogerie bezahlt, Einwegrasierer. Es war der Buchhalterin peinlicher als mir, und so schätze ich den Rechtsanwalt auch ein. Eckig, aber nicht ungemütlich. Schrankhaftes Temperament, ein Ostwestfale.

Wir gehen die Positionen durch – Strom, Telefon, Warmwasser.

»Gibt's da nicht«, sage ich. »Es gibt Wasser und einen Boiler. Deswegen verbrauchen wir so viel Strom.«

»Ganz schön spartanisch«, meint er. »Etwas Komfort steht Ihnen aber auch zu, als Betreuerin.«

»Na ja, ich kann bei meinen Eltern warm duschen, und irgendwann werde ich dort renovieren. Aber für Martha finde ich es nicht so schön.«

Er wechselt das Thema. »Warum«, fragt er, »hat

Frau Doktor eigentlich keine Pflegestufe? Das ist so ein Graubereich zwischen Ihrem und meinem Verantwortungsbereich, dafür sind wir eigentlich beide zuständig.«

»Hm«, überlege ich. »Was kann uns denn passieren? Sie ist doch gut versorgt.«

»Schön, dass Sie das sagen«, erklärt der Rechtsanwalt. »Aber wenn ich mir die Berichte so durchlese«, er blättert in seiner Akte, »also, wenn ich mir das ansehe. Auch ohne Frau Doktor zu kennen. Sie hat eine starke Beeinträchtigung, und dafür gibt es heutzutage vom Staat viel Geld.«

»Ja, und?«, frage ich. »Was hat das mit uns zu tun, mit Ihnen und mit mir?«

Er seufzt. »Sie wird hoffentlich noch lange leben. Aber irgendwann ist sie tot, und dann haften wir beide gegenüber dem Erben, wer auch immer das ist.«

»Keine Ahnung«, sage ich. »Martha hat niemand, und soweit ich weiß, hat sie auch kein Testament gemacht. Jedenfalls nicht, solange ich sie kenne.«

»Sehen Sie«, sagt der Mann. »Das sind die schlimmen Fälle. Da wird irgendein Großneffe oder Cousin auftauchen und sich wichtigmachen. Glauben Sie mir, ich mache den Job schon ein paar Jahre.«

»Warum eigentlich?«, frage ich. »Warum macht man so einen Job?«

Er tut, als verstehe er die Frage nicht. »Sie machen doch auch Ihren Job«, weicht er mir aus. »Mit irgendwas muss man schließlich sein Geld verdienen.«

Ich werde später erfahren, dass er unter Prüfungsangst leidet und deswegen das zweite Staatsexamen nicht geschafft hat, auch nicht im zweiten Anlauf. *Könnte er ja auch einfach mal sagen,* denke ich. *Ist doch nichts dabei. Wie oft bin ich gescheitert?*

»Also, diesen ›Antrag auf Leistungen aus der Pflegeversicherung‹, schicke ich jedenfalls von hier aus los. Sie müssten dann bitte dabei sein, wenn der Gutachter ins Haus kommt. Sie kennen Frau Doktor besser als ich. Und ich habe den Eindruck, Sie lassen sich nichts gefallen. Das schadet an der Stelle nicht. Die sind zum Teil mit Vorsicht zu genießen, diese Gutachter. Die haben so ihre Methoden.«

»Okay«, sage ich, »kein Problem«.

Ich trete in die Sonne, im Erdgeschoss der Kanzlei ist ein Café. Ich setze mich auf die Terrasse, bestelle ein Frühstück, denke nach. Ich finde bisher alles nachvollziehbar. Es ist manchmal bürokratisch, und das nötigt mir Geduld ab. Aber es ist nicht schlimm. Ich finde die Einrichtung der Betreuung angemessen umständlich, denn es geht ja um viel. Es geht um nicht weniger als die Grundrechte, um Marthas Freiheit und darum, wer nun an ihrer Stelle entscheidet. Und zwar so, wie er meint, dass es Martha gefallen würde.

Marthas und meine Interessen sind oft ähnlich. Martha hat aber auch Interessen, die von meinen abweichen. Zum Beispiel: Ganz viel Schokolade essen und bis nachts um drei Uhr Gruselfilme schauen. Ich kann sie gewähren lassen; bequem für mich, und wahrscheinlich würde es niemand mitbekommen. Ich kann aber auch eingreifen und ihr um Mitternacht den Fernseher ausstellen. Ein Kompromiss, der Martha nichts abverlangt. Sie hat sowieso kein Zeitgefühl. Sie hört sogar irgendwann auf, überhaupt nach der Fernbedienung zu fragen.

»Dieses Vorlesen«, sagt sie, »das finde ich ja noch besser. Das fehlt mir auch von Heinrich.«
»Okay«, sage ich, »jeden Abend nach dem Essen. Aber ich darf auch mal was aussuchen.«
»Klar!«, strahlt Martha. »Deine Bücher sind ja auch von Frauen. Die finde ich sowieso besser.«
Das ist leicht falsch, aber auch nicht völlig verkehrt. Heinrich hat sich nie viel Mühe gemacht, Lektüren herauszusuchen, denen Martha folgen kann. Goethe, Schiller, Schopenhauer. Ich hatte oft keine Lust darauf, aber ich verstand, was er las. Ich habe gemerkt, Martha fallen abstrakte Zusammenhänge schwer. Sie mag Beschreibungen und Dialoge, sie mag Unterhaltung. Also lese ich ihr vor, was ich ohnehin für die Buchhandlung durchsehen muss. Familienromane, Krimis, Kinderbücher. Bald merke ich, Martha liebt Bilderbücher. Sie kann sich stundenlang mit den Illustrationen beschäftigen, besonders mit *Pettersson und Findus*. Ein kleines altes Mädchen mit weißen Haaren. Warum nicht?

Und diese vorgeblich unerheblichen Alltagsentscheidungen lassen sich, meine ich, auf das große Ganze übertragen. Bei der Einrichtung der Betreuung bin ich von mehreren Verwaltungsangestellten, von der Amtsärztin und sogar bei der Krankenkasse auf die Tragweite meiner Aufgabe hingewiesen worden. Ich weiß, dass das viel Verantwortung ist. Aber wer, wenn nicht ich? Ich bin jung, gesund, ich habe privat sonst keine großen Verpflichtungen. Ich habe auch viele Jahre nur an mich denken dürfen, meine ganze lange Ausbildung hindurch. Immer nur meine eigenen Interessen, inhaltlich wie wirtschaftlich. Ich kann gern etwas zurückgeben – der Gesellschaft meinetwegen. Wenn ich Martha nicht nur als die mir sympathische Person ansehe, sondern auch als eine Schwache in der großen Gesellschaft, wo ich gerade stark bin: Dann ist das sogar logisch. Wer, wenn nicht ich?

Das Einzige, was mich an der Betreuung bisher stört, ist dieses permanente Misstrauen. Der Rechtsanwalt warnt vor der Pflegekasse, die Pflegekasse rät zur Obacht, falls ich einen ambulanten Pflegedienst einsetze, der Hausarzt und die Rechtspfleger im Amtsgericht: Sie alle warnen mich andauernd. Aber wovor?

Ich rufe Marthas Vermögensverwalter an. Er geht sofort dran. Keine Sekretärin mit Warteschleife, immerhin. Aber er spricht undeutlich heute.

»Sind Sie krank?«, frage ich.

»Nein, nein, ich esse gerade mein Butterbrot.«

Ich sehe auf die Uhr, okay, halb zehn.

»Halb zehn in Deutschland«, mampft er. »Wie in der Fernsehwerbung.«

Ich lache. Ich merke, das gefällt ihm. War der nicht sonst vorsichtiger? »Ich möchte bitte wissen«, sage ich, »warum Sie alle immer so nervös sind. Ehrliche Antwort, auch wenn sie mir nicht gefällt.«

»*Hampump*«, mampft er.

»Bitte was?« Geräusche, dann ist er fertig.

»Wegen der Haftung«, sagt er. »Das Problem sind nicht die Betreuten. Die sind meistens lieb oder haben harmlose Anliegen.«

Ich rufe mir Marthas Anliegen auf: Süßigkeiten, Fernsehen, Tütenkuchen, Topfblumen, Scheuerschwämmchen, Turnschuhe mit Glitzer. Eindeutig sehr harmlos. Unschuldig.

»Solche wie ich also? Weil ich immer mal anrufe und schnell spreche?«

»Nee«. Jetzt wird er ernst. »Nee, die ehrenamtlichen Betreuer sind fast immer in Ordnung. Die haben ja irgendeinen emotionalen Bezug, die machen das gern.«

»Berufsbetreuer? Misstrauen Sie Ihrem eigenen Berufsstand?«

»Auch nicht.« Er hält inne. Es knistert. Ich wette, der faltet sein Butterbrotpapier, um es noch einmal zu gebrauchen. Er ist sehr ordentlich. Oder er überlegt, ob er mir die Wahrheit sagen soll. Ich helfe nach:

»Ich bin vielleicht lästig«, sage ich, »aber garantiert ungefährlich für Sie. Ich habe echt zu viel zu tun, um Ihnen lästig zu werden.«

Das Knistern hört auf. »Genau«, sagt er.

Ich höre sein Lächeln durch das Telefon.

»Also, vor Ihnen hab ich keine Angst. Aber die Angehörigen, die können ja so nervig sein. Die meinen, sie können ihren ganzen Privatmist bei uns abladen, nur weil wir Betreuer sind. Als ob wir Familientherapeuten wären.«

»Kenn ich«, sage ich, »aus der Kundschaft. Ich habe ein paar Fälle, da weiß ich, die kaufen Bücher nur als Vorwand, um mir etwas zu erzählen.«

Er lacht. »Aber die nehmen Sie nicht in Haftung, später.«

»Wie, später?«

»Wenn zum Beispiel so ein Krimi blöde war. Da klagt keiner auf Schadenersatz wegen entgangenem Lesevergnügen.«

Ich lache. »Das wär ja was.«

»Sie lachen«, sagt er, »aber die Erben, wenn so eine betreute Person dann verstorben ist, die Erben bei der Endabrechnung. Das ist kein Spaß. Die streiten wie die Kesselflicker, um jeden Einmalschlüpfer.«

»Okay«, sage ich. »Dann kapier ich das. Privatpersonen benutzen Institutionen als Mülleimer? Als emotionale Mülleimer?«

»Ganz genau«, sagt er.

Die Ladentür klingelt, eine Kundin.

»Ich merke«, sagt der Rechtsanwalt, »Sie haben wirklich gut zu tun.«

»Danke«, sage ich. »Danke für Ihre Offenheit.«

»*Ömps.*«
»Was?«
»*Knoppers*. Ich verzehre nun eine Süßigkeit der Marke *Knoppers*. Ich wollte sagen, es war mir ein Vergnügen.«

Ich wünsche ihm weiter guten Appetit und verkaufe der Kundin drei Kerzen. Es ist dunkel draußen, und sie braucht sie für die Seele. Sie hat es gar nicht leicht, wie sie mir umständlich erzählt. Ich höre irgendwie zu oder auch nicht, es ist eine dieser Alltagsgeschichten, die von Einsamkeit handeln. Die Leute würden es nicht zugeben, aber all die Kerzen, Kärtchen und Kaffeeservietten, das sind oft Käufe gegen die Einsamkeit. Martha, denke ich, ist jedenfalls nicht einsam. Keine Ahnung, ob ich das immer richtig mache, diese Betreuung. Ich bin nicht immer gleich geduldig, ich schlafe manchmal auf dem Sofa ein und finde Martha nachts um drei hellwach neben mir, dem Testbild fröhlich folgend. Aber sie ist nicht einsam, von der Seele her. Da bin ich mir ganz sicher.

»Verfahrenswege«, hatte der Richter gesagt. »Die Mühlen der Justiz. Und dabei sind Sie ein leichter Fall.«

Wir sitzen in der Küche, der Richter auf Marthas Seite. Heinrichs Platz ist meiner geworden, irgendwie automatisch. Auf der Stirnseite, dort, wo ich sonst saß, sind Zeitungen gestapelt. Martha macht sich daran zu schaffen.

»Ich räume die weg. Ohne mich würde hier sofort das Chaos ausbrechen.«

Sie geht um die Ecke, aber ich weiß, dass sie hinter der Tür steht und lauscht. Der Richter hat ihr erklärt, worum es geht. Er hat einfache, klare Worte gefunden, hat ihr gesagt, dass es besser sei, wenn alte Leute nicht alleine sind, und dass sie und ich, also Martha und Martina, jetzt beim Gericht registriert werden. Als Betreute und Betreuerin.

»Logisch«, sagt Martha. »Arbeitsgemeinschaft. Ich mache Ordnung, und sie macht die Sachen mit dem Kopf. Wie bei Heinrich und mir.«

»Einfach?«, wundere ich mich. »Ich finde das Modell eher ungewöhnlich. Die große und die letzte Liebe, fünfundvierzig Jahre Altersunterschied. Ich dachte, das würde Probleme geben.«

»Einfach wie eindeutig«, sagt der Richter. »Sie hat sonst niemand, und sie hat sich in allen Gesprächen eindeutig geäußert. Das ist viel wert.«

Martha raschelt hinter der Tür herum.

»Ich habe«, sage ich etwas lauter als nötig, »mit Heinrich ausgemacht, dass wir zusammenarbeiten, bis sie neunzig ist.«

»Ich werde hundert!« Martha taucht im Türrahmen auf. »Ich werde hundert, und du brauchst nicht zu glauben, dass ich dich einen Tag außer Augen lasse.«

Der Richter schmunzelt. »Das meine ich«, sagt er.

Wir trinken noch eine Tasse Kaffee, und Martha erzählt ihm von früher, aus der Universität. Sie berichtet einigermaßen zusammenhängend von ihrem Studium und von der Doktorarbeit.

»Mit fünfzig! Keiner hatte mir das zugetraut, also, außer Heinrich. Und außer dem Dings. Wie hieß der noch?« Sie sieht mich an.

»Luhmann«, ergänze ich. »Du hast mit vierzig zu studieren angefangen und mit fünfzig bei Niklas Luhmann promoviert.«

»Genau«, sagt Martha.

»Donnerwetter«, staunt der Richter.

Ich begleite ihn zur Tür.

»Das Betreuungsrecht trägt dem gesellschaftlichen Wandel stärker Rechnung, als die meisten Menschen meinen«, erklärt er. »Familien sind heute nicht mehr wie vor dreißig oder vierzig Jahren. Mutter, Vater und drei Kinder, das kommt kaum noch vor.«

Er gibt mir die Hand und will gehen. Er hält inne.

»Es ist eine schöne Betreuung«, sagt er.

Ich berichte Martha, dass der Richter unsere Familie mag. Sie fegt um mich herum, sie stellt einem imaginären Fussel nach. Ich merke, sie versteht mich nicht.

»Der Mann«, erkläre ich. »Der gerade da war.«

»Hier war kein Mann.«

»Hier war eben der Betreuungsrichter aus Osnabrück, und der Termin ist gut gelaufen. Wir bleiben zusammen.«

»Logisch.« Sie fegt. Ich nehme ihr den Besen aus der

Hand. »Martha, du bist jetzt meine Familie, und zur Feier des Tages fahren wir in den Schokoladenladen.«

Das kommt an. Der Schokoladenladen kommt immer an. Sie sucht ihre Gummistiefel, sie macht sich die Haare, stopft einige Gegenstände in ihr Einkaufsnetz. Ich überlege, ob ich eingreifen soll. Wir fallen immer auf, aber ab heute ist das egal, denn wir sind ja jetzt eine Familie. Vor dem Gesetz. Ich nehme trotzdem die Klobürste aus dem Einkaufsnetz, die bleibt hier. Martha fügt sich.

Auf der Fahrt überlegen wir, was es wohl gibt. Der Schokoladenladen hat immer neue Sachen, es ist jedes Mal spannend. Vielleicht schon Marzipan? Bis zum ersten Advent sind es noch vier Wochen. Ich muss für die Buchhandlung dringend Weihnachtskarten und Adventskalender bestellen. Ich brauche auch Tischdecken, und dann liegen da mindestens drei eilige Manuskripte. Die Autoren wollen Weihnachten ihre Bücher verschenken.

Ich sehe Martha von der Seite an. »Ich habe echt viel Arbeit«, sage ich. »Bin ich froh, dass die Betreuung durch ist.«

»Siebzig«, sagt Martha. »Da steht siebzig. Und hier jetzt, fünfzig.«

»Das eine Buch muss ich umschreiben. Die Frau kann gute Plots, aber ihre Sprache ist schlimm. Ich muss jeden Satz einzeln polieren.«

»Siebzig.«

»Bei dem zweiten ist der Text in Ordnung. Die Illust-

rationen sind auch schön. Ich glaube, da geht es um Aufmerksamkeit. Vielleicht lade ich den Meier und seine Frau zum Essen ein. Freitagabend. Oder nein, lieber am Sonntag. Dann bin ich etwas besser ausgeruht.«
»Fünfzig.«
»Das dritte Buch gebe ich Clara«, sage ich. »Das ist eine Fleißaufgabe, das Sortieren der vielen Bilder. 450 alte Fotos. Was für eine Mühe sich die Leute machen, ich fasse es manchmal nicht. Aber Clara wird das gut hinkriegen, ich bin ganz sicher.«
»Schon wieder fünfzig. Natürlich kann Clara das. Sie ist nicht blöd. Und sehr fleißig.«
Ich staune. Ich dachte, Martha liest mir Geschwindigkeitsbegrenzungen vor. Aber sie hat aufgepasst. Wir sind beim Schokoladenladen angekommen, ich parke. Martha wirft Münzen in die Parkuhr. Halbe Stunde? Ich gebe ihr noch fünfzig Cent. Wir bleiben heute länger.

Es ist ein dunkler Herbst, es regnet viel. Ich arbeite. Ich arbeite und arbeite und bin ganz guter Dinge. Das letzte Jahr mit Heinrich war anstrengend, und ich habe mich immer schon beim Arbeiten am besten erholt. Es ist, als ob ich mich durch das Lesen und Schreiben wieder zusammensetze, die ausgelaufenen Teile meiner Seele zusammenziehe. Ich bin gar nicht mal traurig, eher wehmütig. Ich kann Heinrich nicht mehr berichten, was ich erlebe. Ich kann ihn nicht mehr anrufen, sitze oft am Schreibtisch und warte darauf, dass seine Handynummer aufleuchtet. Dass er anfängt zu reden und dass sich dann Martha meldet, vom Haustelefon. Die Wahlwiederholung. Linkes Ohr für Heinrich, rechtes Ohr für Martha. Ich wähle das Haustelefon.

»Was denn?«, ruft Martha. »Ich wollte gerade los.«
»Nein, bitte bleib«, sage ich. »Lass uns heute Abend ausgehen. Ich lade dich zum Essen ein.«
»Moment«, sagt Martha, »das schreibe ich mir auf.«
Tuut, tuut. Freizeichen.
Ich rufe nochmal an.
»Wegen dieses Ausgangs«, sagt Martha. »Was ziehe ich da an? Ich will ja nicht aussehen wie so eine Oma.«
»Was dir gefällt«, sage ich. »Schau doch mal in deinen Schrank.«
Sie schweigt. Sie hat gar keinen Schrank, fällt mir ein. Ihre Kleider hängen an einer Stange, zwischen zwei Räumen. Angeblich lüften sie dort besser. Aber sie vergisst sie auch nicht.
»Schrank, hm.« Martha denkt nach.
»Sonst schau mal in meinem«, sage ich. »Die hellgraue Jacke mit den Sternchen müsste dir passen. Sie ist mir sowieso zu klein.«
»Sternchen«, sagt Martha, »hm, Sternchen.«
Ein Kunde kommt herein, ich beende das Gespräch.

Als ich später nach Hause komme, finde ich Martha vor einem geöffneten Schrank. Sie trägt meine Sternchen-Strickjacke, und sie sieht an Martha gut aus, besser als an mir. Sie steht vor einem Schrank voller Wollsocken. Der ganze Schrank, von oben bis unten, ist gefüllt mit Schafwollsocken. Ich hatte mit Heinrich manchmal gerätselt, was sie darin wohl verwahrte, aber es war ja ihr Schrank. Wir gingen da nicht dran. Briefe, hatten wir überlegt. Womöglich Tagebücher. Dokumente aus ihrer Vergangenheit, aus der Zeit vor Heinrich. Aber nun hat sie Wollsocken in den Händen, wohl 50 Paar.

»Alle selber gestrickt«, erzählt sie. »Wolle von meinen Schafen. Selbst gekämmt und dann verstrickt.«

»Willst du wieder stricken?«, frage ich. »Soll ich dir Wolle kaufen?«

»Nein«, sagt Martha entschieden. »Nein, nein, das ist vorbei.«

»Und jetzt?«

»Wie, jetzt?«

»Was willst du den ganzen Tag tun, ohne Heinrich?«

Ich mache mir Gedanken, ob sie zurechtkommt. Ich habe die Arbeit, die mich strukturiert. Aber was hat Martha? Heinrich und sie waren immer zusammen, all die Jahre. Sie waren höchstens in verschiedenen Räumen, aber immer in demselben Haus. Ich glaube nicht, dass sie sich alleine fürchtet. Aber ihr Gehirn, ihr Kopf: Brauchen die nicht auch Anregung? Sie kann mir erzählen, was sie will. Zu viel Alleinsein ist ungesund. Vor allem, wenn man über achtzig ist und ein bisschen durcheinander.

Ich beschließe, sie öfter mitzunehmen. Zu meiner Arbeit gehören nicht so wenige gesellschaftliche Verpflichtungen. Autorenlesungen, hier und da gratulieren, manchmal auf einem Podium sitzen. In den letzten Jahren hatte ich meist Heinrich dabei, und er hat niemand gestört. Jetzt eben Martha.

Wir gehen also zum Essen in ein Restaurant. Heinrich hat uns manchmal eingeladen, und das war immer schön. Martha kann gut genießen – Speisen, das Licht, eine Tischdecke und Kerzen. Sie kann, habe ich gelernt, nur nicht mehr selbst bestellen, jedenfalls nicht, wenn die Speisekarte keine Bilder hat. Sie sagt meistens, sie sei ja höflich und folge also Heinrichs oder meiner Order. Aber ich weiß, sie mag Fisch weniger gern als Heinrich und stochert dann darin herum. Sie mag zwar meistens, was ich bestelle, Lamm oder Rind. Aber nicht die Gewürze, die dazu gehören, etwa Koriander. Den spuckt sie aus. Und sie hat es auch lieber, wenn sie anschauen kann, was sie essen soll. Nebeneinander, nicht verkocht. Antipasti sind zum Beispiel gut für Martha, daran hat sie immer viel zu schauen und zu schmausen.

Ich habe mir über die Jahre angewöhnt, für Martha eine übersichtliche Speise auszusuchen und für mich das, worauf ich Lust habe. Es ist auch oft dasselbe. Aber heute nicht. Sie haben Wildschwein auf der Karte, Wildschwein als Roulade mit Preiselbeeren. Lecker! Aber Martha mag das nicht, zu herb und außerdem unübersichtlich. Ich wähle für sie Schnitzelchen und Pommes frites, dazu Erbsen und Möhren.

»So so«, die Wirtin hebt die Augenbraue. Also, es muss die Wirtin sein, denn alle anderen Kellnerinnen haben eine Art Uniform an, Poloshirts mit einer Stickerei und lange Schürzen. Diese hier ist älter, und sie ist stark zurechtgemacht. Viel Schminke, teure Kleider. Aber sie ist nicht elegant, sie wäre das nur gern. Und überhaupt: Was will die?

Martha sieht ordentlich aus, sie hat auch noch nicht angefangen, den Adventskranz zu bearbeiten, der auf dem Tisch herumsteht wie abgeworfen. Die Kerzen sind schief, es ist mir auch aufgefallen. Aber Martha sichtet noch, sie nimmt Anlauf.

»So so so«, erwidert sie fröhlich. Absurdität liegt ihr, die fällt ihr oft schneller auf als mir.

»Hä?«

Martha hat die Wirtin aus dem Konzept gebracht. »Ich wollte«, schnarrt sie los, »nur mal anmerken, dass alte Leute ja wohl nicht mit dem Kinderteller abgespeist zu werden brauchen. Immer dasselbe.«

Ach so, daher weht der Wind. Sie unterstellt mir, ich bestelle für mich das teure Essen und für Martha irgendwas.

»Natürlich«, sage ich tonlos, »natürlich haben Sie recht. Ich fresse der Oma die Haare vom Kopf. Sieht man ja.« Martha greift sich an den Kopf, fühlt nach. »Alles noch dran«, meldet sie. »Was ist jetzt mit meinen Pommes? Ich habe Hunger!« Sie nimmt die Arme herunter und bewegt sie direkt auf den Adventskranz zu. Rechte Hand und linke Hand.

»Nicht!«, faucht die Wirtin. »Wollen Sie wohl auf der Stelle Ihre Pfoten aus der Deko nehmen?«

»Die spinnt«, sagt Martha. »Die ist unfreundlich, und die kann noch nicht mal ihren Scheiß-Kranz aufräumen. Hier bleibe ich nicht!«

Sie geht mit dem Stuhl zurück, beidhändig. Stemmt die Arme von der Holzplatte ab, schiebt sich nach hinten. Parkett, es quietscht. Wenn schon, dann fallen wir so richtig auf.

»Okay«, sage ich recht laut. »Wir sind hier nicht willkommen. Wir gehen Pizza essen.«

Im Hintergrund Gemurmel, da sind noch mehr Leute, und die kennen mich. Ich nehme Martha an der Hand, wir verlassen den Raum. Martha winkt den Zuschauern, sie freut sich. Große Auftritte sind unbedingt ihre Sache. Ich helfe ihr in den Anorak (Teddyplüsch mit Öhrchenkapuze, heute das volle Programm) und bin froh, als wir das Haus verlassen haben.

»Aber nicht bei Facebook posten«, ruft mir die Wirtin hinterher. *So so*, denke ich. *Den Mund aufmachen, aber zu seinem Lärm nicht stehen. Was würde Heinrich sagen? Die Materialisierung des konfusen Zeitgeists,* etwas in der Art.

»Keine Manieren«, empört sich Martha. »Kann ich diese Pizza auch mit Pommes frites? Bitte, bitte!«

Sie hat kein Bild zu Pizza, aber Pommes frites isst sie sehr gern.

Wir fahren also in ein Schnellrestaurant bei uns in der Nachbarschaft, immerhin mit Tischen und Stühlen.

Martha isst eine Currywurst und Pommes rot. Sie schleckt sich die Finger ab, trinkt Fanta und isst ein Kindereis. Die ganze Oma klebt und strahlt und stößt kurz auf. Dezentes Rülpsen. Sie haben dort leider keinen Adventskranz, aber so ein Silberzeug mit ein paar Kerzen drin. Martha bearbeitet es gründlich, während ich gegrilltes Lamm mit Bohnen und Tomaten esse. Schmeckt auch sehr gut.

Als ich bezahle, gebe ich fünf Euro extra für neues Silberzeug. Es hat Spuren von Currysauce, und das muss ja nicht sein.

»Nein, nein«, der Wirt winkt ab. »Ich kann sie so gut leiden, sie kam früher öfter, allein. Und ich hatte schlimme Sachen gehört. Ich freue mich, wenn sie fröhlich ist.«

Ich sage nichts, ich denke, *oh, oh, oh*. Ich weiß nun, was der Richter sagen wollte. Kaum ist Heinrich unter der Erde, geht das Theater los. Aber ich will mich heute nicht damit beschäftigen.

»Kann ich ein Sparfach haben?«, frage ich den Wirt. »Ich tu auch sofort zehn Euro rein.« Der Sparkasten ist so eine ländliche Einrichtung. Ein Blechkasten mit lauter kleinen Fächern, in die die Gäste Geldscheine schieben. Einmal im Jahr ist Sparfest. Dann werden die Fächer aufgeschlossen, und man isst und trinkt zusammen. Rituale und Verfahrensweisen, die in sich sinnstiftend sind.

»Alle, jederzeit«, sagt er. »Wenn du Hilfe brauchst, bin ich hier.«

Ich umarme ihn. Das ist sonst nicht meine Art, ich bin körperlich distanziert. Aber ich bin ihm so dankbar in dem Moment. Er drückt erst mich und dann Martha. *Nahrhafte Menschen*, denke ich. *Nahrhafte Menschen sind meistens sehr in Ordnung.*

Wir fahren nach Hause, Martha rülpst noch einmal verhalten und fällt direkt ins Bett. Ich ziehe ihr das Teddyplüsch-Ding irgendwie aus, streife die Schuhe ab und lasse sie schnarchen.

Martha begleitet mich gern, das ist kein Problem für sie. Aber ich kann sie nicht überallhin mitnehmen. Sie hat zum Beispiel beim Steuerberater einfach nichts zu suchen, und manchmal bin ich auch in Eile. Alles mit Martha aber dauert. Sie läuft zwar wieselflink, ich muss, anders als bei Heinrich, für sie nicht langsamer gehen oder innehalten. Aber Martha ist sehr interessiert. Sie hält stets Ausschau nach reizvollen Dingen, sieht sich gern um. Wenn ihr eine schöne Blume begegnet oder jetzt, im späten Herbst, ein bunt gefärbtes Blatt, das auf der Erde liegt, dann bleibt sie stehen. Besieht das Blatt, überlegt, bückt sich, hebt es auf. Verstaut es in ihrer Jackentasche, aber nicht, ohne es sorgfältig in ein Stofftaschentuch gewickelt zu haben. Auch Federn, marmorierte Steine und bunte Scherben finden ihr Interesse. Sie spiegelt sich in einer Pfütze, und in einer Pfütze mit Ölschlieren sieht sie anders aus als in dem normalen Regenwasser, das sich bei uns zu Hause in der blauen Tonne sammelt.

Die ganze Welt tut sich ihr auf, wenn Martha gerade will. Und dann steh ich da. Und muss doch weiter, muss die Post einwerfen, ein Manuskript fertigschreiben, Clara ablösen, muss aufs Klo oder zum Frisör.

»Ach«, sagt Martha, »schau mal, die da oben. Die weißen.«

»Wolken.«

»Ja, diese Wolken. Die unterhalten sich. Siehst du den da, den kleinen. Der ist ganz frech, der macht immer blöde Witze. Und dieser, das ist die Mama-Wolke. Die sagt zu ihm: ...«

»Martha, wir müssen weiter. Wir können nachher noch die Wolken ansehen.«

»Du kannst gern gehen, aber ich bleibe jetzt hier.«

Ich stelle mir vor, dass ich Martha an dem Ort sich selbst überlasse. Der Parkplatz eines Einkaufszentrums. Supermarkt, Getränkeladen, ein Drogeriegeschäft und eine Pommes-Bude. Martha hätte keine Schwierigkeiten, wenn ich sagte, ich gehe jetzt mal weg und komme in einer Stunde wieder. Sie würde, denke ich, zunächst weiter den Wolken folgen. Würde sich dann dem kleinen Unterstand für die Einkaufswagen zuwenden und einigen Passanten dabei zusehen, wie sie eine Münze oder ihr Pfandstück oben in den Wagen stecken, die Kette lösen, den Wagen davonschieben. Freundlich vertieft würde sie dort stehen, den Kopf leicht schief, die Hände hinter dem Rücken.

»Wie ein Pinguin«, hatte Heinrich dazu gesagt, »ein träumender Pinguin«.

Mein Bild war stets das der Elfe gewesen, einer ziemlich wilden Elfe. An der Bildoberfläche niedlich, bei näherer Betrachtung von knisterndem Temperament.

Martha würde vermutlich selbst ausprobieren, einen Einkaufswagen auszulösen, würde eine Münze in ihrer Tasche suchen, sie auch finden, aber keine in der passenden Größe. Sie würde zehn Cent in den Wagen stecken, der sich davon nicht lösen kann, würde herumruckeln und zu schimpfen beginnen. Sie würde irgendjemand auffallen, der sie anspräche, um Hilfe anzubieten. Spätestens an der Stelle käme es zu einem Tumult.

»Wer ist dieser Hilfe?«, würde sie fragen, »gibt's den nicht als Frau?« Sie würde, die irritierten Blicke lässig ignorierend, davongehen und zielsicher den Imbiss ansteuern. Sie würde dort *solche Solchen* bestellen, *die Gelben mit Rot*, und ziemlich wahrscheinlich Pommes mit Ketchup erhalten. Entweder, die Imbissleute würden von sich aus darauf kommen, oder Martha würde auf der Karte ein Bild suchen. In Pommesbuden hängt die Speisekarte oft oben über den Fritteusen, habe ich gelernt. Deswegen geht Martha lieber in den Imbiss als ins Restaurant. Logisch. Sie säße dann jedenfalls dort und würde manierlich ihre Kartoffelstäbchen sortieren, der Länge nach, in Ketchup tunken, sie eins nach dem anderen verzehren und sich am Schluss die Finger an der Serviette abwischen. Sie würde sich darauf verlassen, dass ich spätestens dann wieder da wäre, um sie abzuholen. Oder sie würde darum bitten, mich anzurufen.

Sie hat Visitenkarten von mir dabei, aus der Buchhandlung. Es sind keine aktuellen, sondern Reste meiner ersten Garnitur. Darauf bin ich zu sehen, und die funktionieren jetzt nicht mehr, weil wir inzwischen Mitarbeiter haben. Für Martha sind sie perfekt, denn mein Bild erkennt sie immer. Sie würde also in dem Imbiss zur Kasse gehen, meine Karte vorzeigen und höflich darum bitten, dass die Frau dort angerufen wird. Zu der gehöre sie.

Martha weiß sich zu helfen, das habe ich in den letzten Jahren gelernt. Und sie hat diese Fähigkeit nach Heinrichs Tod auch nicht verloren. Eher, dass sie selbständiger geworden ist, etwas präsenter. Als täte es ihr gut, nur noch für sich selber Sorge zu tragen und nicht für Heinrich mitzudenken.

Es geht mir nicht anders. Ich merke in diesem ersten Vierteljahr nach Heinrichs Tod eine solche Erleichterung, ich fühle mich so anders, dass ich auf die Waage steige. Abgenommen? Nein, eher zu. Das viele Eis im Krankenhaus mit Martha. Es muss eine andere Leichtigkeit sein, die Martha und mich beide aufnimmt.

Der Tod, überlege ich, vielleicht die Ferne des Todes. Man merkt es, wenn einer stirbt, wenn ein Leben endet. Das ist schwer, in einem erdenhaften Sinn. Da steigt nichts auf, zumindest nicht, solange einer nicht gestorben ist. Dann, danach: Es heißt doch bei der Kirche, dass die Seele zu Gott geht. Die Bibelsprache, das merke ich einmal mehr, ist so poetisch wie präzise. Schönes Deutsch. Sie betrifft auch Martha und mich. Wir möchten ja gern weiterleben, und dass kein Sterbender mehr in unserer Mitte ist, das merken wir nun beide.

Die Leute reden, sagt mir Papa, dass wir zu fröhlich seien. Unangemessen, in der Situation.

»Die wissen nichts«, sage ich, »die waren doch gar nicht dabei.«

»Ich sag es nur«, sagt Papa, »ich sag dir nur, was sie reden. Das ist nicht meine Meinung.«

Die erleichterte Martha also, mein persönliches Wölkchen, schwebt weiter auf Supermarkt-Parkplätzen und Spazierwegen herum, und mir läuft die Zeit davon. Ich muss dieses Problem schnell lösen.

»Tagespflege«, sagt meine Mutter, »schau dir so was mal an. Da gibt es schöne Einrichtungen. Die alten Menschen sind tagsüber nicht allein, und dass mal jemand vom Fach darauf schaut, ist auch nicht verkehrt. Demenz ist eine zarte Krankheit, das Gehirn ist so sensibel. Besser eine Meinung mehr, das schadet nicht.«

Ich bin nicht überzeugt, ich stelle mir Martha in einem Kindergarten für Omas vor. Ich sehe viele kleine alte Mädchen mit weißen Haaren. Alle ordentlich bezopft, pastellfarbene Twinsets, dezentes Parfüm. Und Martha, der Rockstar mit den Glitzerschuhen. Ich bin nicht sicher, ob das funktioniert.

Ich sehe mir zwei Einrichtungen an, beide gerade neu gebaut. Helle Räume, schöne, seniorengerechte Möbel, stabil und dabei doch gemütlich. Ich trinke Kaffee mit der Pflegedienstleitung, einer patenten Frau, die versteht, was ich suche:

»Beschäftigungstherapie mit Mittagessen, kein Problem.«

Aber Martha hat noch keinen Pflegegrad, und aus Verwaltungsgründen muss sie Bewerber vorziehen, wo das Budget schon klar ist.

»Das ist kein Problem bei Martha«, sage ich, »die kann das erst mal selbst bezahlen. Sie hat eine gute Pension, und ich kriege das mit ihrem Vermögensverwalter schon hin.«

Die Frau zuckt mit den Schultern. »Wenn's nach mir ginge, gern. Ich habe nur leider meine Anweisungen.«

Sie ist aber hilfsbereit und gibt mir die Adresse eines privaten Pflegedienstes.

»Die sind nicht so streng in solchen Sachen«, erklärt sie, »müssen die nämlich gar nicht. Privatwirtschaft, deren Freiheiten hätte ich gern. Kommt den alten Leuten nur zugute. Und ob sie da vom Boden frühstücken können, ist doch piepegal. Da kommen die sowieso nicht hin, krank, wie unsere Kunden sind.«

Ich kann dazu nichts sagen, aber mir fällt auf, dass ich die Bewerbungsgespräche für Martha in leeren Räumen führe. Nach achtzehn Uhr, nach Ladenschluss. Ich dachte, das liegt an mir, weil ich nicht früher kann. Die Frau, danach befragt, hält inne. Ich merke, sie überlegt, ob sie mir etwas sagen soll, ob sie Ehrlichkeit riskiert. Ich kenne diese Blicke aus Heinrichs Krebszeit. *Kucken, was du verträgst, wie viel du aushältst*, sagt der Blick.

»Sie können ruhig ehrlich sein«, sage ich, »meine Nerven sind robust.«

Sie lächelt, ein warmes, freundliches Grinsen, das ihr Gesicht schön macht, schelmisch schön. *Also gut*, sagt der Blick, *bei dir muss ich nicht spielen.*

»Einige unserer Kunden«, setzt sie an, »einige, um nicht zu sagen, sämtliche Damen und Herren, werden bei uns abgegeben, weil die Angehörigen sich von ihnen, wie sage ich das, also, weil sie das nicht den ganzen Tag aushalten, den Anblick von so viel Elend.«

»Ich muss mich von Martha nicht erholen«, sage ich, »das läuft prima mit uns. Aber sie ist zu viel allein, und ich habe Sorge, dass sie deshalb abbaut.«

»Hm«, die Frau überlegt, »also, hm, das ehrt Sie. Aber die falsche Gesellschaft kann so jemand halbwegs Fittes auch runterziehen. Überlegen Sie sich das gut.«

Ich danke ihr, ich sage, wenn sie für die Tombola oder für den Weihnachtsbasar etwas braucht, soll sie sich bitte melden. Ich finde immer gut, wenn Leute ehrlich sind.

Ich rufe bei dem privaten Pflegedienst an, und sie verbinden mich direkt mit einer Wohngemeinschaft, wo es auch Tagespflegeplätze gibt.

»Gemischte WG«, sagt der Mann am Telefon, »wenn das kein Problem ist.«

»Männer und Frauen?«, frage ich, »nee, klar, sie muss da doch gar nicht übernachten. Aber das wäre auch trotzdem egal.«

Der Mann lacht; er muss noch sehr jung sein, der Stimme nach. Und er berlinert ein bisschen, wie nett.

»Psychisch Kranke«, sagt er. »Dit ist besser für die Omas und Opas, die noch watt mitkriejen. Wenn die nur mit die Dementen abhängen, kieken die sich da was ab. Manche Omas, huiuiui. Wenn die noch mal so hochfahren, so in Gesellschaft, denn drehen die auf. Und besser auf als ab. Wenn Se vastehen, wat ick meine.«

Ich kann es mir ungefähr vorstellen, aber vor allem glaube ich, dass dieser Altenpfleger zu Martha passt. »Lustig«, würde sie sagen, »ein lustiger Mensch. Der gefällt mir.«

Wir verabreden uns für den kommenden Sonntagnachmittag.

»Juti. Totensonntach. Aber ich kieke, dass auch ein paar Untote da sind. Tschüssi.«

Es wird immer berlinerischer, vielleicht, weil er merkt, dass mich das nicht stört? Oder weil er sich wohlfühlt? Keine Ahnung, ich wische die Beobachtung beiseite wie ein Fenster auf meinem iPhone. Ist aber noch geöffnet, im Hintergrund.

Totensonntag macht seinem Namen alle Ehre. Es ist nass und dunkel, Novemberkonzentrat. Wir frühstücken gemeinsam, Martha und ich, dann erledigt sie umständlich den Abwasch. Ich lese Zeitung. Ich betrachte sie verstohlen von der Seite. *Kann ich sie so präsentieren? Haare, Kleider, Fingernägel? Sie soll ja einen guten Eindruck machen, sie sollen sie dort mögen.* Die Haare sind gebürstet, sie glänzen, und Martha hat sie mit einem Batiktuch zusammengebunden. Sie hat auch immer noch Farbe im Gesicht, von dem langen Sommer; gut sieht sie aus. Der Pullover trägt Spuren von Arbeit, ich zupfe ein paar Fussel vom Ärmel. Martha lässt mich gewähren. Wenn sie vor mir steht, komme ich mir vor wie eine Puppenmutter. Wenn ich normal aufrecht sitze und Martha steht, sind wir gleich groß. Sie rupft an meiner Strickjacke.

»Was machst du da?«, frage ich.

»Dasselbe wie du«, feixt Martha, »ich mache deine Fussel ab. Und kämm dich gefälligst, bevor wir fahren. Wohin geht's denn eigentlich?«

Ich gebe ihr einen Kuss auf die Wange. Wir gehen zum Auto, es ist so dunkel, wir fahren am frühen Nachmittag schon mit Licht. Der Weg ist nicht weit, zehn Kilometer höchstens. Das sei aber kein Problem, hatte der junge Mann gesagt, »unsere Leutchen, die sammeln wir ein im Partyliner.«

»Ach, Sie betreiben einen Kleinbus?«, hatte ich gefragt.

»Partyliner«, erwiderte er, »wobei ick det erst hier jelernt habe, det Wort. Ihr seid schon auch so Dichter, ihr Ostwestfalen.«

Ach ja, Partyliner. Die Busunternehmen haben neben Schul- und Reisebussen auch kleinere Wagen im Bestand, Bullis und Minibusse. Holz-, Polster- und individuelle Klasse.

Partyliner. Das war schon früher so. Wenn ein Schulbus kaputt war, fuhren wir manchmal im Reisebus zur Schule und fühlten uns beinahe weltgewandt.

Wir fahren und fahren, es ist sehr im Nichts – fast wie bei uns zu Hause. Das ist gut für Martha, eine Nicht-Umgebung dürfte ihr behagen. Dann sind wir da, ein alter Bauernhof. Ein freundlicher Hund läuft uns entgegen, seinerseits ein älterer Jahrgang. Martha öffnet die Tür, sobald der Wagen steht. Der Hund wedelt heiter und schüttelt sich dann. *Nasser Hund vom Land*, denke ich, *lecker*. Martha streichelt ihn, mit beiden Händen. Der ist schon mal in Ordnung.

Wir gehen durch eine Kieseinfahrt auf die Deele zu, aber bevor wir ankommen, öffnet sich eine Seitentür. *Das war früher die Küche*, denke ich. Jedenfalls bei Oma. Die Tür zum Küchengarten, zum Gartenkühlschrank, wie sie sagte. Ein junger Mann steht im Türrahmen, Dreitagebart, Kapuzenpulli. Er reicht Martha die Hand:

»Juten Tach, Vaehrteste«. Also der vom Telefon, der Berliner.

»Doktor Geißler«, erwidert Martha schnippisch, »Frau Doktor Martha Geißler, wenn ich bitten darf.«

Ich wundere mich. Ich hatte gedacht, der Humor würde ihr liegen. Aber irgendwas stimmt hier nicht, ich merke das. Er winkt uns hinein, wir betreten einen mollig warmen Raum.

»Kaminfeuer«, erklärt er, »ganz andere Wärme als von so 'ner Zentralheizung.«

Marthas Zurückhaltung fällt ihm entweder nicht auf, oder er ist professionell genug, sie zu ignorieren. Ich hoffe, letzteres. Er führt uns in einen großen Raum, das muss die alte Küche sein, und die Wand zur Upkammer haben sie wohl eingerissen. Wie bei uns zu Hause, bei Martha und mir, nur größer. Mitten im Raum ein langer Esstisch; zehn Personen passen leicht daran. Aber ich sehe nur drei Stühle. Ich halte inne und begreife dann, warum. Rollstühle! Mehrere Rollstühle, darin alte, kranke Menschen. Stille, keiner redet. Ich sehe zwei Männer und drei Frauen, aber keiner sagt ein Wort. Ich glaube, die können auch gar nicht mehr reden. Einer bewegt eine Walnuss in seiner Hand, hin und her, vor und zurück. Die anderen sind völlig reglos, wie einbalsamiert.

»Tut mir leid«, sagt der junge Mann, »die Fitteren sind ins Kino gefahren. Die sollten nicht trübsinnig werden bei dem Wetter.«

Wenn es ernst wird, spricht er Hochdeutsch; er ist wohl wirklich achtsam. Dann liegt der Grund für Marthas Zankerei nicht bei ihm. Aber irgendetwas stört sie, das merke ich. Sie ist vorgelaufen, zu einer großen Voliere. Darin sitzt ein bunter Papagei mit einem Riesenschnabel. Martha unterhält sich mit ihm. Ich höre nicht, worum es geht, denn im Fernsehen gibt's das

Traumschiff. Sascha Hehn ist noch sehr jung, das muss also lange her sein. Wiederholung. Kriegt das einer mit?

»Martha?«, rufe ich.

Sie reagiert nicht.

»Martha, ist alles in Ordnung?«

Keine Antwort, Zwiesprache mit Papagei. Ich gehe zu ihr, stelle mich daneben. Sie ist ganz steif und plappert zusammenhanglos, wie von Sinnen. In dem Moment begreife ich – sie hat Angst, sie fürchtet sich. Ich reiche ihr die Hand, und Martha ergreift sie in letzter Not, auf hoher See. Sie krallt sich daran wie an einen Rettungsanker.

»Sollen wir gehen?«, biete ich an, »wir müssen hier nicht bleiben.«

»Ja, bitte schnell«, presst sie zwischen schmalen Lippen hervor.

Ich bedeute dem jungen Mann mit einer Geste, dass ich ihn später anrufen werde, und geleite Martha zum Wagen. Sie bleibt starr, lässt sich anschnallen, wartet, bis ich gewendet habe und vom Hof gefahren bin.

»Was ist denn?«, frage ich. »Sag mir doch bitte, was los ist.«

»Ich muss nicht zu denen, oder?« Sie sieht mich bänglich an, sie hat immer noch Angst.

»Nein«, sage ich, »nein, nein. Da gehörst du echt nicht hin.«

Sie nimmt meine Hand, als ich schalten will, nimmt sie hoch und gibt mir einen Handkuss.

»Puh«, sagt sie, »ich wusste, ich kann mich auf dich verlassen.«

»Kannst du«, verspreche ich, »kannst du absolut. Das da, das ist für wirklich, wirklich kranke Leute. Da hast du nichts verloren.«

»Nee«, freut sich Martha, »schließlich bin ich die Super-Oma!«

»Du bist«, sage ich, »auf jeden Fall die Oma, die jetzt mit mir Torte essen geht.«

»Super«, meint Martha, »wie gesagt, Super-Oma macht super Sachen. Du bist aber auch super.«

Sie hat auf der Stelle gute Laune; eine Eigenschaft bei ihr, die ich sehr schätze. Sie kann ihre inneren Wolken blitzschnell beiseiteschieben.

Sorge entfernt, Wolken verschoben, blitzblauer Seelenhimmel.

In dem Café in Borgholzhausen sind viele Leute, alt und sehr alt. Wir sitzen an einem Tisch beim Fenster; die ganze Fensterbank ist dekoriert mit Krippen und Adventsgestecken. Martha sitzt kaum, da nehmen ihre Hände die Arbeit auf. *Sie muss den Stress herausfingern*, denke ich. In Heinrichs letzten Lebenswochen hat sie ihre Tannenzapfen, diese Kollektion im Vorratsraum, so stark bearbeitet, dass einige regelrecht zerbröselt sind. Ich kenne das von zu Hause, und es beruhigt mich eher. Der Schock war stark in dem Bauernhaus, und so leicht verschiebt nicht einmal Martha ihre Gewitterwolken. *Ich werde den Schaden beglei-*

chen, überlege ich, werde die Situation erklären und Kerzen und Kränze ersetzen. Hier laufen so viele Senioren herum, die Wirte sollten das gewohnt sein.

Eine gemütliche Frau nähert sich. Riesengroß, umfangreich. Martha könnte fast unter die gestreifte Schürze kriechen.

»Na, ihr Süßen«, dröhnt sie, »na, bissken die Deko aufrüschen?«

»Ja«, strahlt Martha, »die ist soweit schon schön. Aber man kann sie noch verbessern. Wenn ich das mal sagen darf.«

»Klar«, lacht die Kellnerin, »ich meinerseits, ich bin ja auch eher grobmotorisch. Mach du man.«

»Hihi«, kichert Martha, »das sieht man, du.«

Es ist keine Stunde her, da hat sie den freundlichen Altenpfleger angepfiffen, dass er sie siezen und ihren akademischen Grad auch nicht vergessen soll. Und jetzt diese Zwanglosigkeit. Wie kommt das? Ich sehe aus dem Fenster in die Dunkelheit. An den Tannen hängen Lichterkerzen, sie reflektieren auf den nassen Scheiben.

»Lustig«, sagt Martha, »wie schön die blinzeln.«

Ich glaube, sie fühlt sich sicher, vielleicht ist es das. Eine relativ normale alte Frau unter lauter anderen mehr oder weniger normalen Leuten.

»Komm mal mit«, sagt die Kellnerin, »ich zeig dir mal die Torten.«

Sie reicht Martha die Hand und führt sie aus dem Raum. Ich staune. So ein Vertrauen, so schnell. Aber

Martha hat einen sicheren Instinkt. Ich sehe sie durch die Glastür, an der Vitrine. Auf vier oder fünf Etagen sind Torten ausgestellt, man kann sich eine aussuchen und bekommt sie dann zum Tisch gebracht, mit Kaffee oder Tee. Die neue Freundin und Martha fachsimpeln, es dauert. Ich sehe andere Leute, im Hintergrund. Ich sehe, dass Unruhe entsteht, und gehe hin. Ein älterer Mann wird ungeduldig, er will auch etwas bestellen und räuspert sich. Die Kellnerin scheint nichts zu hören, sie redet mit Martha über die Sanddorn-Orangen-Sahnetorte. Martha kennt die, aus Breslau. Aber sie möchte doch lieber, wenn es geht, Käsekuchen. Gibt's auch, aber nicht in der Vitrine. Der Käsekuchen steht woanders, und da gehen sie jetzt hin.

Die Stimmung droht zu kippen wie ein Teich mit allzu vielen Seerosen. Nur noch eine dazu, und das Ökosystem bricht zusammen. Ich sehe aus dem Augenwinkel, wie sich ein Mann nähert, mittelalt, hager und mit Brille. Oweia, da ist die Katastrophe. Aber das Wunder geschieht, er geht zur Vitrine, nimmt ein Kuchenmesser und öffnet die Glastür:

»Torte vom Chef, zur Feier des Tages. Na, wem darf ich als Nächstes etwas geben?«

Der Räusper-Mann schießt vor und lässt sich seinerseits die Sorten erklären. Es geht, wie immer, um Aufmerksamkeit, aber der Café-Betreiber hat es etwas besser raus als seine Mitarbeiterin. Er kann gleichzeitig schnell und aufmerksam sein.

Das muss ich mir abschauen, das ist echt gut.

Schließlich steht das Weihnachtsgeschäft vor der Tür. Die letzten vier, fünf Wochen vor Weihnachten sind die umsatzstärkste Zeit im Jahr.

Ich werde noch weniger Zeit für Martha haben, denke ich. Aber da muss sie dann durch. Ich nehme mir vor, jede Woche einen kleinen Ausflug mit ihr zu machen. Egal, was wir tun, aber einmal in der Woche unternehmen wir etwas. Das ist kein richtiger Plan, aber es ist besser als nichts.

Martha sitzt mir gegenüber und isst ihren Käsekuchen. Trinkt Kaffee, faltet die Servietten – erst ihre, dann meine. Es geht ihr gut, keine Frage. Es gibt ein Foto von diesem Kuchennachmittag. Ich habe viele Bilder von Martha, und auf den meisten ist sie heiter. Aber nur auf wenigen strahlt sie wie auf dem Bild von Totensonntag 2016.

Als ich Martha abends ins Bett geleite, ist sie so müde, dass sie nach drei Minuten Vorlesen einschläft. Ich habe einen freien Abend und rufe bei Adelheid in Münster an, einer Buchhändlerin, mit der ich seit vielen Jahren befreundet bin. Adelheid ist ehrlich, sie sagt immer, was sie denkt. Ich frage sie, ob sie meint, ich schaffe das mit Martha. Mit der Buchhandlung und mit Martha. »Natürlich«, sagt Adelheid, »halte dich nur immer an die echten Menschen. Sind nicht so viele, leider. Aber du findest sie schon. Das hast du doch wohl von mir gelernt.« Adelheid und ich reden an diesem Abend aber nicht so viel über Martha und die Menschen, wir reden über Bücher. Schließlich ist bald

Weihnachten, und wir wollen Romane verkaufen. Romane sind die Königsdisziplin, finden wir beide. Wer Romane nicht mag, kann eigentlich kein Buchhändler sein. Adelheid regt sich über E-Book-Reader auf, die sie jetzt auch verkaufen soll. Sie kriegt das technisch hin, kein Problem. Aber sie findet die Dinger unsinnlich. »Da geht doch der halbe Roman verloren, wenn man nichts in der Hand hat«, meint sie. Ich widerspreche nicht. Ich freue mich auch auf den Advent, auf die vielen gut riechenden, dicken Bücher. Auf die Kunden und ihre Geschichten, auf den Alltag. »Es gibt viele gute Menschen«, sage ich. »Auch ein paar Idioten, aber insgesamt doch viele gute Menschen.«

Adelheid stimmt mir zu, und dann muss ich sie ein wenig bedauern, weil ihr das viele Stehen auf die Knie geht. Kein Wunder, nach vierzig Jahren im Beruf. Ich habe dafür viel Verständnis.

Der Dezember geht dahin, Clara und ich verkaufen sehr viele Weihnachtsgeschenke, und wir bekommen sogar alles fertig, was wir im Verlag erledigen wollten.

Heiligabend schlafe ich am frühen Nachmittag auf dem Sofa ein. Als ich um 23 Uhr aufwache, sitzt Martha in der Küche und schält eine Apfelsine.

»Frohe Weihnachten«, sage ich.

Sie zieht eine Schnute.

»Bist du beleidigt, dass wir keinen Tannenbaum haben?«, frage ich und überlege, ob es den bei Heinrich gab. Nein, jedenfalls nicht, solange ich ihn kannte.

»Weihnachten«, sagt Martha, »gefällt mir gar nicht so gut. Dieses andere, das finde ich viel besser. Das mit den Raketen.«

Ich kann also Weihnachten weiter verschlafen, während Martha sich auf Silvester freut. Ist das so, oder denkt sie es sich aus, um mir eine Freude zu machen? Das würde ich Heinrich gern fragen. Ich habe seine Worte im Ohr, damals im Sommer, im Krankenhaus. »Sie ist eine gute Gefährtin«, hatte er gesagt. Und das ist sie in der Tat. Ich freue mich auf das neue Jahr mit ihr.

Wir begrüßen es schon zur Dämmerung mit Wunderkerzen, und Martha hüpft damit herum wie eine Elfe. Die wilde Elfe mit den weißen Haaren. Um zwölf, als alle anderen böllern, schläft sie wie ein Bärenkind im tiefen Winter und wacht auch nicht auf, als Gertruds Neffe mit einer Sektflasche in der Tür steht. Ich schicke ihn weg. Er kann nichts dafür, dass ich ihn nicht leiden kann. Ich sollte ihn nicht in Sippenhaft nehmen. Nur: von diesen Leuten keiner, nicht in diesem Jahr und auch in keinem anderen. Das schwöre ich und proste Heinrich auf seiner Wolke zu. Eine Sternschnuppe regnet vom Himmel, und Martha schnarcht.

2017

EIN PFLEGEDIENST wäre nicht schlecht, hatte der Betreuungsrichter im Herbst gesagt. Er würde mir das auch allein zutrauen, aber in der Situation wäre es besser, man könnte sich mit Profis rechtfertigen. Der Betreuungsrichter ist ein kluger Mann. Ich merke mir immer, was er sagt. Er kommt mir jetzt wieder in den Sinn.

Es ist Ende Januar, und ich sitze hinten im Buchladenbüro. Ich sitze da und starre an die Wand und schreibe in Gedanken wütende Facebook-Posts. Von Personen ist da die Rede, die Martha auflauern, wenn sie über die Straße geht. Personen, die ihr Unsinn erzählen, den sie nicht versteht, nicht zuordnen kann. Unsinn über mich. Dass ich ihr böse will, nur darauf warte, dass sie endlich stirbt. Damit ich das Häuschen verkaufen und weiter ein faules Leben führen kann. In meinem Bücherlädchen, wo ich nutzlos herumsitze und die Gelegenheit abwarte, mich auf den nächsten alten Mann zu stürzen.

Martha ist zum wiederholten Mal verängstigt aus dem Dorf zurückgekommen. Sie ist fahrig und redet ohne erkennbaren Zusammenhang. Einmal hat sie mich sogar nach Heinrich gefragt. Ob er schon wieder bei einer von seinen Julen sei. »Er ist doch tot«, habe ich gesagt. »Martha, wir haben ihn vor fünf Monaten beerdigt, du warst dabei.« Sie hat an mir vorbeigesehen und überhaupt erst reagiert, als ich sie bei den Schultern genommen habe. Ich muss meine Arme dazu nicht anheben, ich bin so viel größer als Martha. *Kleine Oma*, sage ich manchmal, wenn ich von ihr spreche. Die Kleine Oma. »Schau mich an«, habe ich sie gebeten und gewartet, bis ihr Blick mich fand. Es dauerte zu lange, und der Blick war scheu. Bänglich. *Verlass mich nicht*, sagte der Blick. *Ich habe sonst keinen.* Ein flehender Blick, die blanke Not. Niemand soll so schauen müssen. Und erst recht nicht Martha. Was hat sie denn getan? »Hast du Quatsch gemacht«, habe ich gefragt, »irgendwo aus Versehen was mitgehen lassen?« *Nein*, sagte der Blick, *nein, nein, nein*. Er blieb finster, und Martha schwieg sich aus.

Ich verstehe sie nicht, und das besorgt mich. Eigentlich kenne ich mich inzwischen bei ihr aus. Die ersten Monate ohne Heinrich haben wir gut gemeistert, das Praktische und auch die Seele. Wir haben schlechtes Wetter ausgehalten, den dunklen November und die hektische Vorweihnachtszeit, haben das Christkindchen verschlafen und eine dicke Gans verschmaust. Ohne Heinrich und mit Genuss. Denn das letzte Weihnachten mit Heinrich war trist gewesen. Er hatte nicht mehr viel vertragen und sich ein paarmal erbrochen. Wir hatten also dieses Jahr geschwelgt, weil wir keine Rücksicht nehmen mussten, und es war schön. Ich bin sicher, Heinrich hätte nichts dagegen. Ich stelle mir vor, er sitzt auf seiner Wolke und schmunzelt. Oder fährt er jetzt woanders Fahrrad? Und was würde er zu Martha sagen, zu ihrer merkwürdigen Verstimmung? Heinrich würde ihr wahrscheinlich am Klavier vorspielen, so lange Bachkantaten spielen, bis sie zu sich gefunden hätte.

Aber ich beherrsche kein Instrument. Ich kann nur schreiben. Also schreibe ich einen Blogtext über die Kleine Oma, über den Alltag mit einer dementen Frau, die ich in meine Familie aufgenommen habe. Ich lese ihn Martha vor. Sie hört zu, aber sie versteht ihn nicht. »Nochmal«, sagt sie. Ich lese ihn wieder vor, wieder und wieder, bis ich merke, sie folgt mir nicht, sie hört kaum zu. Aber sie lauscht dem Klang meiner Stimme wie früher Heinrichs Musik. Ich wechsle den Text und lese aus der Tageszeitung vor. Ich lese und lese, einen ganzen Sonntag, zwei dicke Samstagszeitungen, den halben *Spiegel* und die *Frankfurter Allgemeine Sonntagszeitung*. Martha sagt nicht viel, aber sie scheint sich wohl zu fühlen. Immerhin.

Und dann stehe ich eines Nachmittags mit dem Telefon an der großen Glastür und sehe hinaus. Warum bin ich überhaupt zu Hause und nicht im Buchladen? Ach ja, der Schornsteinfeger. Ich warte auf den Schornsteinfeger und denke, vielleicht muss ich ihm winken. Vielleicht meint er, das Haus sei nicht mehr bewohnt. Martha macht oft das Licht aus, wenn sie alleine ist. Aber jetzt bin ich da und sehe, wie eine Gestalt sich nähert. Der Schornsteinfeger? Ist der so klein? Nein, das kann nur Martha sein. Das ist auch ihre Schrittweite, beschwingt, fast ein Hüpfen.

Wahrscheinlich hat sie Kuchen gekauft. Das macht sie manchmal, weil sie mit der Bäckersfrau gut auskommt und weil die auch weiß, es ist nicht schlimm, wenn Martha kein passendes Geld dabei hat. Sie ruft mich dann an, damit ich Martha auslöse. *Es gibt genügend gute Leute*, hat Adelheid gesagt, *du musst sie nur finden*. Martha geht vielleicht zweimal in der Woche einkaufen. Hat sie einen festen Rhythmus? Dienstag und Donnerstag oder Mittwochnachmittag? Eher nicht, denn sie unterscheidet keine Wochentage. Sie weiß, wann Sonntag ist, weil ich dann nicht zur Arbeit fahre. Alle anderen Tage sind Nicht-Sonntage.

Sie weiß auch nicht genau die Uhrzeit. Der Tag ist hell, die Nacht ist dunkel. Im Winter geht sie manchmal schon um fünf zu Bett. Kehre ich am Abend wieder, zu einer normalen Zeit, dann freut sie sich: oh, schön. Nachts aufstehen. Das war früher nicht erlaubt, aber jetzt darf sie.

Einmal habe ich Bratäpfel gemacht, an einem Novembertag. Bratäpfel mit Marzipan und Mandelsplittern, dazu Vanillepudding. Das weiß sie noch. Wenn ich sie im Dunkeln wecke, erkundigt sie sich manchmal nach solchen Äpfeln. Du weißt schon, die, die auch noch riechen und warm sind. Martha kann sich die wichtigen Dinge merken. Wochentage sind unwichtig.

Martha schreitet aus, sie nutzt die ganze Straße. Das ist ungefährlich, auch an Wochentagen. Die lange, gerade Straße zu unserem Haus ist ein alter Wirtschaftsweg, spät asphaltiert. Viele Bauernkinder hatten hier früher ihren Schulweg, und sie nutzen ihn immer noch. Wenige Autos, alte Spuren. Die Häuser stehen aufgereiht wie brave Schüler, eins nach dem anderen. Alle ordentlich, mit fein eingefassten Vorgärten, einer Einfahrt für das Auto, immer rechts von der Haustür. Hier herrscht Ordnung, bis hin zu den Gartenzwergen.

Nur die beiden letzten Häuser in der Reihe fallen aus der Ordnung. Bei uns ist es auch aufgeräumt, aber nach Marthas Vorstellungen. Sie hat die Einfahrt mit Kieseln eingefasst, und im Vorgarten stehen lauter Figuren. Eulen aus Ton, ein Porzellan-Hase, ein Windspiel mit kleinen Glöckchen. Martha arbeitet jeden Tag im Vorgarten, darin unterscheidet sie sich nicht von allen anderen Bewohnern der Straße. Aber bei uns gibt es keine Extra-Einfahrt für das Auto, sondern einen Holzstapel. Wir haben doch keine Zentralheizung. Es ist genau wie mit der Zufahrt. Heinrich hat die Zivilisation nicht ganz an sich herangelassen. Das letzte Stückchen Weg ist nur ein Lehmpfad, das hat ihm einfach gefallen. Und nach uns kommt nur noch Hubert, aber der hat noch eine zweite Zufahrt, von der anderen Seite. Ich fahre morgens bei ihm vorbei und von dort aus dem Dorf hinaus. Deswegen weiß ich auch nicht so genau, was in den Vorgärten passiert. Heinrich hat es mir früher manchmal erzählt. Wir haben uns über die Laubsauger amüsiert, zu anderen Zeiten über die Rasenmäher und die blinkenden Tannenbäume. Es ist ein ewiger Wettstreit um eine Ordnung, die uns nie betroffen hat. Martha hat dabei ein bisschen mitgemacht, und warum auch nicht. Die meisten Leute in der Straße sind sehr nett und sagen höchstens mal Bescheid, wenn Martha aus Versehen ein Schäufelchen oder eine Harke geborgt und nicht zurückgegeben hat. Nur bei Gertrud bin ich mir nicht sicher, und die ist ausgerechnet die nächste in der Reihe. »Schulten Gertrud«, ich habe den affektierten Tonfall noch im Ohr. Hat sie etwas mit Marthas Unruhe zu tun?

Und jetzt kommt Martha. Ich warte auf den Schornsteinfeger und sehe Martha, die einen Schritt vor den anderen setzt. *Tapp, tapp, tapp*, wie eine mechanische Schreibmaschine. Klemmt eine Taste, ruckelt man herum, und dann geht es weiter. Das ist bei Martha genauso, *tapp, tapp*, ein Stein, kick, weg, *tapp, tapp, tapp*. Martha geht so gleichmäßig wie das Schriftbild einer alten Schreibmaschine. Solide. Ihr Gang hat keine Kursive oder Sonderzeichen. Sie bewegt sich von hier nach da. Und im Halbdunkel sieht man von ihr nur die Taschenlampe, wie einen Leuchtpunkt. *Tapp, tapp, tapp*. Die Taschenlampe wandert gleichmäßig auf unser Haus zu. Sie wird dann ausgeschaltet, an der Schwelle.

Martha stellt ihre Tasche rechts von sich ab, putzt die Schuhe an der Bodenmatte ab, zweimal links, zweimal rechts. Dann nimmt sie die Tasche wieder auf, geht durch den Flur, wiederholt den Vorgang an der Schwelle zu unserer Wohnstube, zu dieser Küche ohne Herd. Da muss ich sitzen, am besten den Kaffee fertig haben und mich überrascht zeigen. »Du hast Kuchen gebracht. Gedankenübertragung.«

Martha freut sich, ganz von innen. Ein Leuchten breitet sich in ihr aus, von der Seele über Mund und Nase bis zu den Augen, die glänzen wie Bernstein.

»Wir gehören zusammen«, sagt sie dann. »Wie Kaffee und Kuchen!«

Aber nun wird Martha unterbrochen. Ich sehe, wie zwei Personen sich ihr nähern, ein Mann und eine Frau. Gertrud und noch jemand. Ist das womöglich ihr Vater? Ich habe Gertruds Vater nur einmal gesehen, er ist uralt und fast blind. Heinrich hatte uns vorgestellt, ich glaube, an seinem Geburtstag, und Gertruds Vater hatte eine anzügliche Bemerkung gemacht. Heinrich war gekränkt gewesen, verletzt, und ich hatte mir gemerkt, der ist fies. Aber von irgendwem muss sie es ja auch haben, diese feiste Selbstgewissheit. Also, das müsste er sein. Sie nehmen Martha in die Mitte, reden auf sie ein. Beide überragen sie ein Stück, selbst der gebückte alte Mann. Martha steht steif, regungslos. Sie lässt die Worte wohl über sich ergehen.

Ich will gerade loslaufen und sie befreien, da taucht der Schornsteinfeger auf. Ein junger Mann, sehr höflich. Gertrud wendet sich ihm zu, und Martha entwischt. Sie kommt auf mich zu, Blick und Haare wirr, an den Schuhen Brocken von Lehm. Den Kuchen stellt sie an der Türschwelle ab und vergisst ihn dort. Ich gehe mit dem Schornsteinfeger nach oben.

»Komische Leute, Ihre Nachbarn«, meint er, »passen Sie schön auf die alte Dame auf. Geht mich zwar nichts an, aber wenn ich Sie wäre«, er hält inne und weist mit dem Kopf in Richtung der Nachbarn, »also, bei denen wär ich echt vorsichtig.«

Ich erinnere mich an den Tag von Heinrichs Tod, an den Bauern. Er hatte ähnlich geklungen. Auch er ein gerader Mann, kein Schwätzer. »Die sind fies, oder?«, frage ich den Schornsteinfeger. Er zuckt mit den Schultern. »Alle bisschen eng verwandt hier, wenn Sie mich fragen. Das geht aufs Gehirn. Und dann wissen die irgendwann nicht mehr, wo ihre Grenzen sind. Jeder mit jedem, so ist das hier.«

»Ich bin kein angenehmer Gegner«, sage ich.

Er grinst. »Das scheint mir so. Wenn Sie mich brauchen – er gibt mir eine kleine Karte mit seiner Telefonnummer. Dreistellig, wie niedlich.

»Thorsten«, sagt er, »für meine Freunde bin ich der Thorsten.«

Er verabschiedet sich, er muss noch bei Hubert vorbei. Das sei übrigens der Kegelbruder seines Vaters, und der sei in Ordnung.

»Ja, weiß ich«, sage ich, »schönen Gruß an Hubert.

Er soll doch gern nächsten Sonntag zum Essen kommen. Und du auch, wenn du willst. Ich koche Gulasch.«

Thorsten sagt zu, er will auch seine Freundin mitbringen. Ich geleite ihn zur Tür und finde den Kuchen, der immer noch im Nieselregen steht. Durchweicht und pappig, das von der Bäckersfrau ordentlich herumgeschlagene Papier klebt in Fetzen auf dem Zuckerguss.

Ich nehme das Paket und gehe zu Martha in die Küche. Sie hat die Schuhe ausgezogen und hält ihre Füße an den Ofen. Sie murmelt. Ich kratze die oberste Schicht des Papiers ab, setze Kaffee auf, warte.

Martha isst den Apfelkuchen mechanisch, nein, sie mampft. Sie sieht immer noch an mir vorbei.

»Was ist los?«, frage ich.

»Nichts!« Das Ausrufzeichen hängt in der Luft. Umgekipptes Dreieck mit Kringel drunter. *Los, frag weiter,* ruft, nein, brüllt es. *Frag mich, bis ich es sagen kann!*

»Was wollten die von dir? Was habt ihr geredet, du und die Schultes?«

Keine Antwort. Sie mampft.

»Hat dich jemand angesprochen?«

Ein dumpfes Geräusch. Ihre Kieferknochen mahlen. Heinrich hat es Brüten genannt. *Wenn sie brütet, musst du achtsam sein. Wenn sie etwas nicht begreift, versagt die Sprache.*

»Gertrud?«

Sie sieht mich an, die Augen dunkel. Starrer Blick, keine Bewegung. Sie hat Angst.

»Martha, hast du Angst vor Gertrud?«

»Sie sagt, du schickst mich weg.«

Jetzt ist es raus. Sie sieht mich an. Große, dunkle Augen voller Furcht. Ich erschrecke mich. Wir haben schon eine Menge erlebt, Martha und ich. Das Betreuungsgericht, die Krebsstation, den sterbenden Heinrich. Wir haben gemeinsam viel ausgehalten, und sie war meistens furchtlos. Sie war aufgebracht und traurig, sie war überdreht vor Stress, war manchmal wild. Aber noch nie hatte sie solche Angst.

»Martha«, sage ich, »Gertrud redet dummes Zeug, sobald sie den Mund aufmacht. Die kann nicht anders. Aber sie ist ungefährlich.«

»Amt«, spuckt Martha aus. »Osnabrück. Sie holen mich. Sie sperren mich ein. Weil ich alt bin und bescheuert und …«

Ich unterbreche sie. »Es kann absolut nichts passieren. Wir haben das mit dem Richter so vereinbart.«

»Ich kenne keinen Richter!«

Das klingt schon wieder mehr nach Martha. Sie isst noch zwei Stückchen Kuchen, trinkt Kaffee, regt sich über solche Richter auf. Aber sie bleibt fahrig, das ganze Wochenende.

Martha geht früh zu Bett an diesem Tag, ich telefoniere lange mit Adelheit und mit meinem Vater. Sie sagen beide, ich soll mich vorsehen. Ich schlafe nicht besonders gut und stehe früh auf.

Nachdem ich den halben Vormittag an meine Schreibtischwand gestarrt und Gertrud verwünscht habe, rufe ich im Betreuungsgericht an. Ich werde sofort durchgestellt, das ist ungewöhnlich.

»Gut, dass Sie sich melden«, sagt der Richter. »Bei der Betreuungsstelle ist eine Beschwerde eingegangen.«

»Gertrud!«, rufe ich.

»Keine Namen«, sagt der Richter, »Datenschutz. Aber jedenfalls wurde angegeben, Frau Geißler sei verdreckt und werde nur mangelhaft ernährt. Sie habe einen unregelmäßigen Tagesablauf.«

»Ha!«, rufe ich. »Und die Lösung wäre eine Unterbringung im örtlichen Altenzentrum. Gertrud hat sich schon gekümmert, sie kennt da Leute. Morgen kann es losgehen, gar kein Problem.«

Der Richter schmunzelt. »Ich darf ja nichts sagen«, setzt er an.

»Ich schreibe es alles auf«, rufe ich, »diesen scheinheiligen Hühnerdreck, geistige Trockenfloristik ist das. Ich schreibe es ins Internet und besende zweitausend oder fünftausend Leute. Ist mir egal, ob das verboten ist!«

»Keine Selbstjustiz«, sagt der Richter, »und es geht nicht um Sie, sondern um die von Ihnen betreute alte Dame. Sie tragen Verantwortung.«

»Ja«, seufze ich, schneide der Wand über meinem Computer eine Fratze, denke, *ja, nein, aber der Tag wird kommen.*

»Sie erinnern sich an meinen Rat? Ambulanter Pflegedienst?«

»Ja.«

»Machen Sie das«, sagt der Richter. »Installieren Sie einen Pflegedienst, sieben Tage die Woche. Egal, was das kostet.«

»Und was sollen die tun?«, frage ich. »Ich meine, die kommen doch nicht, um einfach nur vorbeizukommen.«

»Doch«, erklärt der Richter, »die kommen fürs Protokoll. Machen Sie das, und wenn sich der Nächste beschwert, kann ich die Dokumentation des Pflegedienstes anfordern. Dann sind Sie fein raus.«

»Danke«, sage ich.

»Da nicht für«, sagt der Richter. »Aber kein Facebook, klar?« Ich denke, *dann eben Twitter*.

Ich sage, dass ich mich zurückhalten werde. Kein Kindergarten, wenn es um Martha geht. Ich denke, *Twitter, Twitter, Twitter*.

Ich gehe erst mal in den Handyladen und trinke Kaffee.

»Schlag mir nicht die Kaffeemaschine kaputt«, motzt der Nachbar, »oder hast du einen berechtigten Anlass?«

Ich erzähle ihm die Geschichte mit den Leute auf der anderen Seite des Hauses, erzähle vom Dorftratsch.

»Da musst du durch«, sagt er, »aber du machst das schon.« Dann klingelt sein Telefon, es ist ein Reisebüro. Er macht andauernd Kreuzfahrten, das ist sein Hobby, und jetzt muss er sich überlegen, was für eine Kabine er auf der nächsten Reise haben will. Weiße oder graue Wände, Badewanne oder Dusche. *Deine Sorgen möchte ich haben*, denke ich. Aber es ist auch irgendwie tröstlich. Er macht jeden Februar eine Kreuzfahrt, und jetzt ist Mitte Januar. Er muss sich um die Kabinenausstattung kümmern. Und ich muss einen Artikel für die Buchhändlerzeitung schreiben. Der fällt etwas feuriger aus als üblich, eine Kollegin ist beleidigt und wir streiten bei Facebook herum. Ich lenke mich ab.

Nach ein paar Tagen kommt ein Brief vom Betreuungsgericht. Bei der routinemäßigen Überprüfung der Betreuung seien keine Unregelmäßigkeiten aufgefallen. Ich rufe an. Der Richter ist nicht da.
»Was hat er denn überprüft?«, frage ich die Frau im Vorzimmer.
»Nichts«, sagt sie. »Wir vertrauen Ihnen.«
Es ist nicht das erste Mal, dass ich denke, ich werde Patriotin. Ich beginne dieses Land zu mögen. Oder wenigstens seine Gesetze und die, die damit arbeiten. Gertrud ist egal. Gertrud ist echt egal, solange ich beim Betreuungsgericht anrufen kann und dort einer ans Telefon geht.
Ich rufe vorsichtshalber den Vermögensbetreuer an, ich habe Angst, dass auch er beredet werden soll. Ich kann ihn gut leiden, in seinem Stübchen. Aber ich bezweifle, dass er starke Nerven hat. Der Richter, ja. Auch die Rechtspflegerin. Aber der scheue halbe Rechtsanwalt, der Furchtsame – nicht, dass der um-

kippt und es auf einmal besser findet, wenn wir Martha irgendwo unterbringen. Risiko, Haftung, ich kenne schließlich seine Sorgen. Andererseits, wenn er mir das so ehrlich sagt, dann ist er gerade. Gerade Leute kippen nicht um. Ich rufe ihn also an.

»Halb zehn«, sagt er fröhlich, »das ist wohl Ihre Zeit. Schön, Sie zu hören. Was kann ich für Sie tun?«

Seine Stimme tut mir gut, das bürokratisch Zuversichtliche. *Wir werden das schon abheften, wir beide.*

»Ich möchte«, sage ich, »etwas erzählen, und es ist nicht angenehm. Haben Sie einen Moment?«

»Aber ja. Wenn es Sie nicht befremdet, dass ich mein zweites Frühstück einnehme in der Zwischenzeit.«

Nein, stört mich überhaupt nicht. Ich rede und rede, ich rede mich in Rage. Er kaut, es knistert, er faltet sein Papier. Ich höre es fiepen; die Teekanne wahrscheinlich. Solche Leute haben Thermosflaschen, die sie von zu Hause mitbringen, darin Früchtetee, der noch irgendetwas kann. Ayurvedisch oder linksdrehend.

Ich bin mit meinem Bericht zu Ende, über die Nachbarn, das Gerede, über die Gefahren für Martha und für mich. Wahrscheinlich habe ich ihn genervt. Wenn ich gestresst bin, rede ich noch schneller als sonst. Wenn er jetzt sagt, das ist ihm zu heftig, ich könnte es ihm nicht verübeln.

Es knistert, *Knoppers*, das Frühstückchen.

»Also«, knuspert er. »Also, grundsätzlich muss unterschieden werden zwischen den Aufgaben einer Betreuerin mit dem Aufgabenbereich Gesundheitssorge einerseits und der Pflege für Frau Doktor andererseits.«

Wo ist der denn gerade? Aber er hat mich ausreden lassen; gleiches Recht für alle. Erst mal anhören.

»Dass Frau Doktor einen erheblichen Pflegeaufwand hat«, erklärt er, »steht außer Frage. Und dass sie immer noch keinen Pflegegrad hat, ist weder Ihr noch mein Verschulden.«

»Grad?«, werfe ich ein. Seine Formulierungen sind präzise, deshalb wundere ich mich. Es müsste Pflegestufe heißen, das ist doch der Begriff.

»Nee, nee«, erklärt er. »Das zweite Pflegestärkungsgesetz ist Anfang Januar in Kraft getreten, es gibt nun nicht mehr drei Pflegestufen, sondern fünf Grade. Es wird uns entgegenkommen, dieses Gesetz, denn es berücksichtigt stärker die Bedürfnisse der Erkrankungen des Geistes.«

»Sprich, der Demenz?«, frage ich.

»Ja«, sagt er, »ganz genau. Aber weil sich jetzt alle melden, die das betrifft, sind die Gutachter überlastet. Es kann dauern, bis wir an der Reihe sind. Frau Doktor ist ordentlich versorgt, die rutscht nach hinten durch.«

»Sie glauben mir also, dass es Martha gut geht?«, will ich wissen. Ehrlich ist er ja, ich schätze das an ihm.

»Ja, natürlich«, sagt er. »Keinerlei Bedenken. Erwägen Sie dennoch die Installation einer ambulanten Versorgung. Ich habe vollstes Vertrauen, dass Sie das gut machen.«

Okay, ich bin beruhigt. Er lässt mich machen, und

solange ich mich um alles kümmere, was man nicht abheften kann, um das Zwischenmenschliche, so lange lässt er mich gewähren.

»Sie meinen also auch, ich soll Pflege bestellen, die wir eigentlich nicht brauchen?«, frage ich zur Sicherheit noch einmal nach.

»Ob die tägliche Visite erforderlich ist, entscheiden Sie. Das ist Ihr Aufgabenkreis, und ich habe, wie gesagt, vollstes Vertrauen. Wenn es etwas kostet, dann ist das eben so.«

»Sagen Sie das wegen Martha oder wegen des Risikos?«, hake ich nach.

»Ach«, schmunzelt er, »wegen der Haftung, meinen Sie? Sie sind aber genau.«

»Ich bin an der Oberfläche unordentlich«, sage ich, »keine Bürokratin. Aber das heißt nicht, dass ich schludere. Nicht bei den wichtigen Dingen.«

Er schweigt, es knistert. »Pflegeleistungen«, sagt er, »interessieren bei der Haftung keinen. Weder lebend noch begraben. Pflegeleistungen werden dokumentiert von Personen oder Dienstleistern, die ihrerseits ein Zertifizierungsverfahren durchlaufen haben, und …«

Ich falle ihm ins Wort: »Okay«, sage ich, »kapiert. Sie alle befürchten Ärger, sobald es ungewöhnlich wird.«

»Was mich betrifft«, räumt er ein, »kann ich das nicht verneinen. Aber wer sind die anderen, wen meinen Sie?«

Ich erkläre, dass der Richter und die Rechtspflegerin

mir denselben Rat gegeben haben. Pflegedienst, um uns alle abzusichern. Und ich sage noch, was mich daran ärgert, denn jetzt fällt es mir ein.

»Dass wir uns Leuten beugen, die das alles gar nichts angeht, dass wir diesen Idioten nachgeben«, sage ich, »das passt mir nicht.«

»Tun wir doch gar nicht«, sagt er. »Gib dem Affen Zucker, was soll's. Sie führen keine weiteren Betreuungen, nehme ich an?«

»Nö, warum auch? Ich habe ja auch noch einen Beruf und ein Leben. Ich würde das nicht für jeden tun, wenn Sie das wissen wollen. Ich mache das, weil ich Martha mag. Keine weiteren Gründe.«

»Sehen Sie«, sagt der Krümelmann, »und das ist die Sollbruchstelle. Das ist zu einfach für die meisten, das verstehen die nicht.«

Wir verabschieden uns, ich bin auf eine Weise getröstet. Dieses System, dieses Land mit seinen Gesetzen, das ist in Ordnung. Deutschland ist in Ordnung.

Nur nicht alle Nutzer Deutschlands.

Also kümmere ich mich um einen Pflegedienst. Fragt sich nur, welcher. Als Heinrich krank war, hatte ich ein tolles Team. Ich konnte sie immer erreichen, Tag und Nacht. Sie haben Heinrich schön versorgt, nicht nur gut, sondern schön. Er war da aufgehoben, das ist mir immer wieder aufgefallen. Und ich mochte auch, wie sie mit Martha umgegangen sind, mit so einer selbstverständlichen Gelassenheit, man merkte gar nicht, dass Martha gerade zum dritten Mal in die Küche gegangen ist, um ein Glas Wasser zu holen. Aber sie hat eine Tasse, zwei Löffel und einen Blumentopf gebracht. Die Visitenkarte liegt noch irgendwo, ich muss sie suchen. Oder nein, ich fahre hin. Wichtige Sachen sofort erledigen.

Der Pflegedienst hat seine Zentrale gar nicht so weit vom Buchladen. Auf dem Hof stehen lauter kleine gelbe Autos. *Lustig*, würde Martha sagen. *Kuck mal, lustige Autos.* Sie würde sie zählen und sich unterbrechen. Wieder neu zählen, nachfragen, ob ich auch zähle. Außerdem ist Gelb ihre Zweitlieblingsfarbe. Türkis wäre noch besser, aber Gelb ist schon ziemlich gut.

Ich parke und betrete das Haus. Es war mal ein Landgasthof, man sieht das sofort. Alte Landgasthöfe sehen immer gleich aus. Links der Schankraum, rechts ein Separee. Nach hinten Toiletten. Was eigentlich nie fehlt: der Sparkasten. Aber ich kann ihn nicht entdecken.

In dem Moment kommt eine Frau um die Ecke. Sie ist sehr freundlich, sie trägt eine weite Hose aus lauter zusammengenähten Halstüchern und freut sich, mich zu sehen. Sie kennt mich aus der Zeitung. *Gar kein Problem, da lässt sich bestimmt was machen.* Sie zwinkert mir zu; *wir beide*, soll das heißen. *Wir sind jetzt Freunde.* Ich mag diese schnelle Vertraulichkeit nicht so.

»Wo ist denn hier der Sparkasten?«, frage ich, um irgendwas zu sagen. Sie sieht mich irritiert an:

»Das ist ein ambulantes Pflegezentrum, keine Dorfkaschemme.«

Ein Mann kommt um die Ecke. Den kenne ich, der war manchmal bei Heinrich. Ich freue mich, ihn zu sehen, er fragt nach Martha.

»Alles prima soweit. Aber die Nachbarn stellen ihr nach.«

Der Mann schmunzelt. »Kann ich mir denken«, sagt er. »Eine Demenzpatientin allein zu Hause, damit haben die Stress.«

»Oh, da haben wir ein Programm«, mischt sich die Frau mit den Tücherhosen ein. »Die allerneueste Methode, direkt aus der Forschung. Wir arbeiten auch tiefenpsychologisch.« *Wahnsinnig innovativ*, denke ich. *Freud ist gerade vorgestern gestorben.*

Sie redet weiter, sie bringt sich ein. Oh Mann.

»Ich brauche eigentlich nur eine tägliche Visite. Einmal kurz schauen, wie es Martha geht. Sie ist jetzt tagsüber allein, und die Leute reden.«

Der Pfleger macht eine Kopfbewegung; da vorn ist sein Büro. »Sie ist in Ordnung«, sagt er.

»Natürlich ist Martha in Ordnung«, schimpfe ich. »Aber ich bin so beleidigt. Ich würde am liebsten bei Gertrud die Fenster einschmeißen.«

»Die Kollegin«, lächelt der Mann. »Sie ist okay. Sie drückt sich halt anders aus als du.«

Ich ahne, worauf er hinauswill.

»Das einzige Problem«, sagt er, »besteht darin, dass mir gerade Fachkräfte fehlen. Wir können morgen anfangen, wir fahren da jeden Tag hin, sagen hallo, und wenn die Nachbarn regelmäßig unsere Autos sehen, geben die bald Ruhe. Das ist so, das kannst du mir glauben.«

»Und das Problem?«

Er weist mit dem Kopf in Richtung der Tücherhosenfrau. »Sie leitet die Ergotherapie. Die haben Kapazitäten frei, wir nicht. Wir haben so viele kranke Menschen, wo ich nur die echten Altenpfleger hinschicken kann. Bei Martha müssen die anderen ran.«

Ich habe den Richter im Ohr, ich denke an Gertrud.

Ich habe meine Zweifel, ob das mit der Ergotherapie und Martha gutgeht. Aber ich sage nichts. Ich habe uneingeschränktes Vertrauen zu Martha. Wenn es ihr nicht passt, wird sie sich schon melden. Sich durchzusetzen war noch nie ein Problem für sie.

Sie machen den Erstkontakt allein, sagt mir die Tücherhosenfrau. Das sei authentischer, da komme man sich schneller nah. Soll mir recht sein, denn ich muss das Buch über den Landkreis fertigschreiben. Es liegt und liegt, und ich will es endlich zu Ende bringen. Der Kunde kann ja auch nichts dafür, dass ich mir Familienverhältnisse verschafft habe.

Als ich abends nach Hause komme, finde ich Martha hochzufrieden. Sie sitzt in der Küche wie ein brütendes Huhn und ruckelt auf ihrem Stuhl herum.

»Martha«, frage ich, »wie ist es mit der Frau gelaufen?«

»Hier war keine Frau«, sagt sie tonlos. *Anfängerfehler*, sagt ihr Blick. *Gib dir gefälligst Mühe, wenn du mich schon mit Kinderkram belästigst.*

»Martha, ich meine die freundliche Frau, die mit dir Mandalas malen wollte. Von der Ergotherapie, mit dem gelben Auto.«

»Ach die«, sie sieht betont unschuldig nach schräg oben. Hier war Party, das merke ich nun. Hatte ich Zweifel?

»Die, die sich keinen Porsche leisten kann. Pah!«

»Du wolltest dir doch ein bisschen Mühe geben«, ermahne ich sie, »ich habe dir doch gesagt, die kommt wegen Gertrud.«

»Soll sie zu der gehen und ihre Scheiß-Kringel da vollmalen«, entgegnet Martha ungerührt.

Der Vorschlag ist plausibel. Martha ist nicht so weit weg, wie alle meinen. Martha ist an der Oberfläche vertüdelt, so, wie ich meinen Schreibtisch nicht aufräume. Aber das Wesentliche bleibt uns nicht verborgen.

»Wo sind die denn, die Kringel? Hat sie sie wieder mitgenommen?«, frage ich.

»Nein«. Martha ruckelt herum, giggelt, das Küken wird gleich schlüpfen. Sie muss nur noch mit dem Hintern vom Nest, einmal aufstehen.

»Sag es jetzt, stell dich nicht blöd.«

Martha geht zum Kühlschrank, öffnet ihn, holt einen Becher Pudding heraus.

»Im Ofen«, strahlt sie, »ich habe die verbrannt.«

Da ist das Küken. Das kommt dabei heraus, wenn man eine Oma ist, die Mandalas ausmalen soll und das nicht will. Ich sehe nach, tatsächlich, Asche.

»Hat sie dir das Feuer angemacht? Am helllichten Tag?«, frage ich alarmiert. Martha kann selbst kein Feuer machen, das weiß ich genau. Sie ist zu ungeduldig, sie hampelt immer rum. Außerdem soll sie nicht mit dem brennenden Ofen allein sein. »Ich habe der das doch gesagt«, überlege ich laut, »kein Feuer ohne mich«.

»Ja«, sagt Martha, »weiß ich. Kein Feuer ohne Martina, das habe ich ihr auch gesagt. Sie meinte, wir würden das für uns bewahren. Aber ich mache keine Geheimnisse gegen dich.«

»Danke, sehr aufmerksam von dir.«

»Nein, das ist selbstverständlich.« Sie sieht mich an, die Augen leuchten. Sie weiß eindeutig, wo sie hingehört. Familie!

Die Tücherhosenfrau kommt nicht wieder, die ist beleidigt, wie ich später erfahre. Die nächste Ergotherapeutin versucht es mit Seidenmalerei, und Martha mischt die Farben, bis alles nur noch bräunlich ist. Das wiederum findet sie hässlich und wiederholt diese Meinung so lange, bis auch diese Frau vertrieben ist. Eine dritte probiert es mit Tonkarton, denn Ostern steht ja vor der Tür. Martha soll Papp-Osterhasen und kleine Küken ausschneiden. Sie schafft ein Herz aus rotem Papier, das ist für mich. Und danach verlegt sie sich auf die Reparatur der Scheren. Irgendwann sind alle kaputt, und auch diese Ergotherapeutin gibt entnervt auf.

»Das wird nichts mehr«, räumt der Pflegedienstleiter ein.

»Dann schick doch bitte ein richtiges Pflegeteam«, insistiere ich. »Die Viertelstunde am Tag, die wird schon übrig sein.«

»Nee, puh«, er windet sich.

Das kommt mir komisch vor. Ist das wirklich nur ein logistisches Problem? Ich hake nach.

»Gibt es etwas, das ich wissen müsste?«

»Ja, öhm. Diese Leute da oben, wenn man zu euch durchfährt.«

»Neeeeeein«, sage ich, »bitte, bitte nicht. Erbschleicherei? Gequälte Oma? Dass ich sie nicht alle habe, gar nicht geeignet bin, die Betreuung zu führen?«

»Volltreffer«, sagt er verblüfft, »du kennst deine Pappenheimer aber gut.«

»Ich bin also aufgrund meines Lebenswandels ungeeignet, die Betreuung einer mit mir nicht verwandten stark dementen alten Dame zu führen?«

Er nickt ergeben. »Die ziehen mir meine Leute auf links mit ihrem Gelaber, die machen richtig Druck. Und ich brauche die, das musst du auch verstehen. Tüchertanten gibt's zuhauf, aber gute Altenpfleger kannst du suchen wie die sprichwörtliche Nadel im Heuhaufen. Die haben nichts gegen dich und meistens auch nichts gegen Martha. Kommt denen entgegen, dass Martha so kratzig ist, aber das eigentliche Problem ist, dass sie keinen Bock haben auf den Zoff in der Nachbarschaft.«

Ich seufze. Ich kann es gut verstehen, denn mir geht er ja auch auf die Nerven. Morgens, wenn ich zur Arbeit fahre, schaut einer aus dem Fenster. Vermutlich mit Stopp-Uhr wie bei den Bundesjugendspielen. Über den Buschfunk erfahre ich, dass ich sowieso nicht arbeite. Wenn ich richtig arbeiten müsste, wie anständige Leute, die sich nicht überstudiert haben, dann würde ich nicht erst um halb neun losfahren. Es ist nicht zu fassen.

Wir verabreden, dass ab sofort das Hauswirtschaftsteam kommt. Das kann bei uns nicht schaden, und vielleicht haben die Mitarbeiter bessere Nerven.

Es geht einigermaßen gut. Ich finde die Frauen nett, die jetzt zu uns kommen. Sie wollen einen Job machen, sie räumen und putzen, aber sie haben keinen pädagogischen Ehrgeiz. Wir lassen uns gegenseitig in Ruhe, auf die angenehme Art. Nur Martha ist nicht einverstanden. Sie findet die Frauen zu fügsam und will sie zum Feminismus anstiften.

»Die wehren sich nie«, sagt sie mir eines Abends. »Ich bin schon so lange eine Oma, aber nichts hat sich verändert, zumindest nicht bei solchen Leuten.«

Soll ich widersprechen? Ich überlege einen Moment, stelle in Gedanken die Frauen in meinem Alltag nebeneinander: Frau Fisch, meine Mutter, Frau Sieber-Dietrich, die Bauernfrauen, die bei mir Kinderbücher für die Enkel kaufen.

»Nee, Martha«, sage ich dann, »die haben es besser als bei Helmut Kohl, in meiner Kinderzeit. Und es müssen auch echt nicht alle Frauen leben wie du und ich.«

Martha zieht eine Schnute, aber sie verdrückt sich nicht. Wenn ich etwas sage, das sie überhaupt nicht hören will, schaltet sie manchmal ab. Jetzt begnügt sie sich mit etwas Gegrummel, aber sie bleibt bei mir in der Gegenwart.

Als Nächstes schickt jemand Fotos vom Inhalt unseres Kühlschranks an die Beschwerdestelle beim Landkreis. Darauf ist zu sehen, was Martha an dem Tag darin verstaut (Blumentöpfe, ihre Heckenschere, Haarshampoo) und was ich darin vergessen hatte (welker Kohl, Joghurt-Töpfchen mit Blaustich, angegrautes Hackfleisch). Man sehe klar, glasklar, dass Marthas Gesundheit gefährdet sei, Stichwort mangelnde Hygiene.

Irgendwer muss bei uns zu Hause gewesen sein. Es ist nicht so schwer, tagsüber hineinzugelangen. Martha vergisst andauernd, die Tür abzuschließen. Sie ist auch oft oben, auf dem Dachboden. Man kann wahrscheinlich einfach den günstigen Moment abwarten, sich hineinschleichen und Bilder machen.

Ich müsste tatsächlich aufräumen, überall ist Unordnung. Aber wann? Ich muss arbeiten, den Haushalt machen und jetzt auch noch das ganze Theater aushalten. Als Heinrich noch lebte, war es leichter. Nicht mit Martha. Sie ist mir immer näher gekommen. Aber die äußere Welt bedrängt mich. Das habe ich nicht gern, dagegen setze ich mich zur Wehr. Nur wie?

Ich kenn da doch jemand, überlege ich. Wo ist die Visitenkarte der Sozialarbeiterin, von letztem Sommer? Die so sorgfältig beobachtet hatte, wie Martha und ich funktionieren. Ich suche und suche, ach ja, da. Siehste, die wichtigen Sachen verklüngle ich nicht; mein Gehirn kann Prioritäten setzen. Ich rufe sie an und schildere die Situation. Sie hört geduldig zu und lacht zweimal laut.

»Ihnen ist nicht zum Lachen zumute«, entschuldigt sie sich, »und ich möchte auch nicht in Ihrer Haut stecken. Aber nehmen Sie das doch mal als Kompliment. Mitleid kriegen Sie geschenkt, aber für so viel Neid haben Sie schon tüchtig gearbeitet. Respekt. Ein bisschen Stress gibt es bei der Einrichtung einer Betreuung immer, vor allem auf dem Land. Aber dass das so lange geht, das muss an Ihnen liegen. Das ist wirklich ungewöhnlich.«

Ich seufze, ich finde es nicht mehr amüsant. »Was haben solche Anschwärzereien denn zur Folge? Das Kühlschrankfoto sah nicht gut aus, in der Woche musste ich was fertigschreiben, und dann vergesse ich alles rings um mich herum.«

»Wer sich zu sicher ist«, sagt die Sozialarbeiterin, »macht blöde Fehler. Sie hat es auch an den Betreuungsrichter geschickt, und der hat bei mir angerufen. Ich stehe ja in der Akte, weil ich letztes Jahr den Haushalt überprüft habe.«

»Also Gertrud?!«

»Ja«, sagt die Frau, und ich höre sie quasi grinsen, »ja. Ich darf das zwar nicht sagen, aber ich habe jetzt einfach mal ja gesagt. Manchmal muss das sein. Ich habe jedenfalls wahrheitsgemäß ausgesagt, dass dieser Haushalt zwar ungewöhnlich, aber durchaus funktional ist. Insbesondere, dass Sie wissen, was Sie tun, und dass Sie mit der bei Demenz ganz normalen Räumerei Ihrer Betreuten gut umgehen.«

»Und dann?«, hake ich nach. Ich bin misstrauisch, werde jeden Tag argwöhnischer.

»Nichts, dann«, erklärt die Frau, »Aktenvermerk, dass das erledigt ist. Ende, fertig, aus.«

Ich danke ihr und wünsche schöne Ostern.

»Die haben Sie sich aber auch verdient«, sagt sie freundlich.

Es gibt schon nette Leute, Gott sei Dank.

Vorn im Laden sind Kunden, Clara packt Geschenke ein, vor allem Kinderbücher. Ich registriere mich bei Instagram. Ich werde ab sofort jeden Tag gesundes Essen posten. Gemüse, Früchte, Kochbücher. Ich fahre einmal extra zu einem Bio-Wochenmarkt nach Bielefeld, um Pflücksalat abzufotografieren. Die Taktik geht auf, als Nächstes erhält der Vermögensverwalter eine Beschwerde, dass ich Marthas Geld verplempere. Das macht mir Spaß, und auch der Rechtsanwalt findet es lustig.

»Nur nicht noch weiter Öl ins Feuer schütten, ja?«, ermahnt er mich. »Sonst hört das nämlich nie auf.«

Ich gelobe Besserung, sende aber weiter bunte Bilder und merke, es funktioniert. *Gib dem Affen Zucker*, gib ihnen zu sehen, was sie sehen wollen. Gemüse, Obst und Tortenstücke. Ich führe Martha auch viel aus. Es ist ein schönes Frühjahr, warm, buttercremefarben vom Gefühl.

So vergeht die Zeit. Martha geht es glänzend. Ich weiß nicht, was sie umtreibt, aber irgendetwas kommt ihr enorm zupass.

»Was ist los?«, frage ich sie beim Abendessen, »du strahlst ja so.«

Sie tut, als verstehe sie mich nicht. »Kenn keinen Los, wie, was ist da los?«

»Nee, komm. Veralbern kann ich mich alleine. Warum bist du so fröhlich? Verschweigst du mir etwas?«

Sie rollt mit den Augen, Modus genervte Elfe.

»Ich habe«, sagt sie, »ja wohl gefälligst auch meine Aufgaben in dieser Familie. Ich sorge, damit das klar ist, ein für allemal, ich sorge nämlich für deine gute Laune.«

Heinrich hatte schon recht, sie ist die bestmögliche Gefährtin in einer Krisensituation. Nein, in jeder Situation. Ich habe sie sehr lieb.

Pfingsten laden wir Freunde ein. Es ist schon warm, und man kann draußen sitzen. Wir essen Pizza, trinken Wein, und ich mache ein Foto, wo man von Martha nur die Augen sieht. Linst über eine Reihe von Flaschen, man sieht die Augen und den Turban. Türkis, an diesem Tag. Gefällt dreiundfünfzig Leuten.

Der Vermögensbetreuer ruft an. Er sei ja auch bei Instagram. Kein Misstrauen seinerseits, er besieht sich gern schöne Bilder. Aber das Flaschenfoto, hm.

»Ist aber lustig, das müssen Sie zugeben«, versuche ich eine Ausrede.

»Ja«, meint er, »ein schönes Foto. Aber man kann Frau Doktor doch ziemlich eindeutig erkennen. Lassen Sie das lieber. Sie machen sich damit angreifbar.«

Er hat recht, ich weiß das. Aber ich muss irgendetwas tun, um diese Wut loszuwerden. Ich kann noch so viele Gartenfeste feiern, kann im Buchladen die Ware von links nach rechts und zurück räumen, kann endlich das Landkreisbuch fertigschreiben: Die Wut bleibt. Sie ist in mir drin und wächst und wächst. Ich platze irgendwann, wenn nichts passiert.

»Kommt Zeit, kommt Rat«, sagt der Vermögensverwalter. »Und wenn ich mir eine persönliche Bemerkung erlauben darf: Sie müssen keine Fotos schießen. Sie können bildhaft schreiben wie sonst keine mir bekannte ehrenamtliche Betreuerin mit dem Aufgabengebiet der Gesundheitssorge.«

Ich horche auf. »Wer schreibt denn sonst noch?«, frage ich.

»Niemand«, freut er sich. Es scheint ihm zu gefallen, dass er einmal schneller ist. Bitte, damit habe ich kein Problem.

»Natürlich niemand, oder glauben Sie, poetische Talente fallen vom Himmel wie die Frösche aus der Bibel?«

»Die fallen vom Himmel, die Kröten«, korrigiere ich, »nicht aus der Bibel.«

»Sie wissen, was ich meine«, sagt er freundlich. »Nutzen Sie Ihre Energie für was Vernünftiges. Sie werden diese Leute nicht ändern. Die sind es nicht wert, so viel Zeit mit ihnen zu vergeuden.«

Ich danke ihm, ich mache ein paar Notizen.

»Falls ich mal einen Roman schreiben sollte«, sage ich später am Telefon zu Adelheid, »dann könnte der von Martha handeln.«

»Stoff genug«, sagt sie weise, »hast du ja. Aber übertreib es nicht. Die wahre Geschichte glaubt dir kein Mensch.«

Darüber muss ich nachdenken und bespreche mich im Edeka mit Frau Fisch. Erdbeerzeit, sie hat mit Gelierzucker zu tun. Ich sehe, sie hat Stress.

»Kannst du reden«, frage ich, »nur kurz?«

»Der kleine Chef ist in München, bei der Meisterfeier. Schon wieder die Bayern, aber er freut sich immer wie ein Kind«, erklärt sie. »Schieß los, Chef!«

»Was hältst du davon, wenn ich die Geschichte aufschreibe? Heinrich, Martha und ich, den Roman meiner Familie?«

»Ja, und?«, fragt sie.

»Wie, ja und? Hast du meine Frage nicht verstanden?«

»Manno, Chef«, sagt sie und haut sich mit der flachen Hand vor die Stirn, »manchmal bist du kompliziert. Leg los, worauf wartest du noch. Er da oben«, sie deutet an die Decke, sie meint wohl Heinrich, »er da auf der Wolke, der wusste, was du kannst. Und ich weiß es auch. Aber wehe, du schreibst irgendwas von mir da rein, wovon ich Ärger kriege.«

»Nein«, verspreche ich, »also, mal sehen.«

Sie droht, mit einem Päckchen Gelierzucker nach mir zu werfen, und ich verschwinde besser.

Aber ich habe jetzt einen Plan. Ich wende mich dem Schulbuchgeschäft zu und koche mit Martha zwanzig Gläser Johannisbeer-Gelee. Mit Erdbeeren wird es immer nichts, die futtern wir schon beim Saubermachen auf.

An diesem Sonntag wird gewählt. Ich stehe früh auf, ich fahre zu meinem Wahllokal. Das ist bei meinen Eltern um die Ecke; ich bin immer noch bei ihnen gemeldet, obwohl mir Heinrichs Haus schon lange gehört.

»Kümmer dich mal darum«, hat mein Vater ein paarmal gesagt. »Melde dich dort an, wo du zu Hause bist. Oder stimmt etwas nicht?«

Mein Vater kriegt alles mit, immer. Ich hasse das. Ich bin bald vierzig Jahre alt, und immer kriegt er alles mit. Obwohl ich meistens gar nichts sage. Er ist sehr aufmerksam, und ich hoffe, ich habe das von ihm gelernt. Genau hinzuschauen, Eigenartiges, Auffälliges irgendwo abzuspeichern und bei Bedarf wieder hervorzuholen. *Achte auf die Kleinigkeiten*, das hat mir schon oft geholfen.

»Was da nicht stimmt? Ich würde sagen, die sind alle überdreht. Frag mich, warum.« Ich beschreibe die Kulisse: Gertrud, die aus der Terrassentür stürzt, sobald ein Auto vorüberfährt. Der Briefträger hat mich schon darauf angesprochen. »Die ist doch nicht mehr in den Wechseljahren«, hat er gesagt. »Und sie hat doch jetzt diesen studierten Mann, diesen Zü-cho-lo-gen.« Er spuckt den Begriff auf die Straße, er will sagen, er mag den nicht. Kann ich gut verstehen, wer sich so wichtigmacht, der hat es nötig. Und wer es nötig hat, bei Gertrud und dem alten Stalker einzuheiraten, der hat es nötig. Ist aber nicht mein Problem derzeit; beobachten, einspeichern, abwarten.

Im Buchladen erfahre ich von einem weiteren Ärgernis. Clara sieht mich von der Seite an.

»Ich will ja nichts sagen«, hebt sie an.

»Ich weiß«, sage ich, »das Chaos quillt aus allen Ecken. Ich müsste mal einen Sonntag lang den Laden aufräumen. Aber ich bin müde. Ich schlafe sonntags.«

Clara grinst. »Das würde nicht schaden«, meint sie freundlich, »aber den Kunden und mir ist es egal. Wir kommen schon klar damit.«

»Was denn dann?«, frage ich. *Kündige bitte nicht*, denke ich. *Sei bitte auch nicht schwanger. Keine Affäre mit einem minderjährigen unbegleiteten Flüchtling. Keine Drogen …*

»Wir brauchen noch jemand, der arbeiten kann. Wenn du weißt, was ich meine.«

»Die andere?«, frage ich. Es ist mir schon aufgefallen, dass Clara die zweite Aushilfe nicht mag, die ich zu Ostern eingestellt habe. Ich habe nichts gegen sie, aber ich bekomme auch nicht so viel mit. Ich plane schließlich ein Buch. Clara ist nicht Frau Fisch, sie ist viel diskreter.

»Sie hängt nur ab«, berichtet Clara, »und erzählt den Kunden, dass du Stress hast wegen Martha.«

»Das ist doch kein Geheimnis«, wende ich ein.

»Ja, aber es gehört sich nicht.« Clara ist auch fein, wie mein Vater.

»Soll ich ihr kündigen?«, frage ich. »Ohne jemand anderen zu haben?« Mahmouds Deutsch ist viel besser geworden, aber weit davon, dass ich ihn mit Kunden allein lassen könnte. »Mahmoud würde dir im Haushalt helfen«, sagt Clara, »wir haben darüber gesprochen. Wir kriegen das als Team schon hin, auch mit Martha. Aber wir wollen keine Störenfrieda.«

Ich stutze. Die sanfte Clara, so deutlich.

»Du brauchst ihr nicht zu kündigen«, sagt sie, »die bewirbt sich die ganze Zeit, von deinem Computer aus.«

»Ehrlich?« Ich bin bestürzt. Ich kontrolliere meine Mitarbeiter nicht, das finde ich albern. Wenn sie etwas haben, merke ich das normalerweise von allein. Aber ich bin derzeit sehr belegt mit Martha, mit Gertrud, mit der Pflegekasse und dem Betreuungsgericht. Ich bin im Kopf woanders.

»Soll ich mit ihr reden, Clara? Soll ich sie darauf ansprechen?«

Clara sieht mich grinsend an. »Das erledigt sich von selbst«, sagt sie. »Und ich habe mich übrigens zum Wintersemester für einen neuen Studiengang eingeschrieben. Aber das ändert hier nichts.«
Die Gute, würde Heinrich sagen.

Clara behält recht. Die andere stellt ihre Tätigkeiten ein, von Sonntag auf Montag. Es liegt an mir, sie kann sich diesem Stress nicht länger aussetzen, den ich verbreite. Das Examen. Ich höre sie durch ihre Abschiedsmail seufzen. Ich schreibe eine formal einigermaßen korrekte Antwort. Sie möge einen gelben Schein beibringen. Das Dokument trifft ein, auch zügig. Ich lege es beiseite; Gott sei Dank, das Thema ist durch.

Clara und ich sind froh, dass wir nun wieder Arbeitsruhe haben, und verabreden uns für Sonntag zu einem großen Eisbecher. Dienstbesprechung, klar.
Martha ist auch dabei. Ich bestelle ihr den Kinder-Clown und Apfelsaft. Während Clara und ich die nächsten Projekte bereden, sortiert Martha die Smarties auf ihrem Teller. Ich bekomme die roten, Clara die violetten. Sie selbst isst alle anderen. Ich habe sie sehr lieb. Aber ich habe das eigentliche Problem nicht gelöst: Martha ist den ganzen Tag allein zu Hause, und ich kenne Gertrud und ihre Combo gut genug, um zu wissen, sie werden keine Ruhe geben. Ihr Interesse an Martha wird nachlassen, so spannend ist es dann doch nicht, ihr beim Sortieren der Besteckschublade zuzu-

sehen. Aber sie werden nicht aufhören, mir das Haus zu neiden, Heinrichs kleines Haus, das jetzt meines ist. Sie werden, weil sie wissen, ich beuge mich nicht, Martha weiter belästigen. Sich ihr aufdrängen, sie einschüchtern, sie aufzuwiegeln versuchen.

Ich spreche mit dem *Knoppers*-Anwalt.
»Und wenn Sie umziehen?«, überlegt er. »Sie beide?«
»Geht das denn?«, frage ich.
»Sie sind für die Gesundheit zuständig und ich fürs Geld«, sagt er. »Wenn Sie mir sagen, der weitere Aufenthalt in Ihrer Immobilie sei Frau Doktors seelischer Gesundheit abträglich, habe ich dem nichts entgegenzusetzen.«
Ich stutze. Dieser Mensch verblüfft mich immer wieder. Kann Bürokratie solidarisch sein?
»Also, was mieten?«, überlege ich laut. »Eine Wohnung für uns beide, für Martha und mich? Das könnte gehen, ja.«
Ich rechne im Kopf herum. Das Jahr nach Heinrichs Tod war teuer. Ich bin mit allen Verlagsarbeiten weit zurück, und die bringen das eigentliche Geld ein. Ich muss dringend an den Schreibtisch, mit Konzentration. Ein weiteres Argument, die Wohnungssache ernst zu nehmen. Wenn ich weiß, dass Martha in Sicherheit ist, kann ich gut arbeiten. Der Vermögensverwalter errät meinen Gedanken.
»Frau Doktor hat eine gute Pension, Sie könnte auch für eine Weile die ganze Miete zahlen. Daran soll es

nicht scheitern.« »Okay«, sage ich, »und irgendwann wird ja auch dieser Pflegegrad bewilligt sein. Der wird auch noch helfen.«

Wir einigen uns darauf, dass ich nach Wohnungen suchen soll, möglichst nicht zu weit von meinem Haus, damit wir den Pflegedienst und unsere Ärzte behalten können.

»Sind schon gute Strukturen«, sagt er, »machen Sie die nicht kaputt.«

»War das ein Rat?«, frage ich.

»Ein Kompliment«, sagt er und legt schnell auf. Solidarische Bürokratie und ihre Grenzen.

»Erst eine andere Wohnung«, sage ich am Wahlsonntag zu meinem Vater. »Ich werde Heinrichs Haus als Ferienhaus nutzen, oder meinetwegen als Arbeitshaus. Aber es ist nichts für eine alte Frau.«

»Auch nicht für eine junge Frau«, sagt er, »also jedenfalls nicht so. Das Dach ist in Ordnung, aber die Zufahrt müsste gemacht werden. Und es ist so dunkel! Ich bin ja sonst gegen Gesetze, aber dieses Gesetz mit den soundsovielen Fenstern pro Neubau, dafür allein muss ich heute doch wählen gehen.«

»Eher gegen rechts«, sage ich. »Wähl irgendwas, aber wähl überhaupt.«

»Also, Kurt hat sich das mal angeguckt bei euch«, beantwortet er meine Frage, als stünde sie im Raum wie ein falsch abgestellter Pappkarton. Er räumt ihn weg, beiläufig.

»Wer ist Kurt?«, frage ich.

»Kurt ist ein Kollege von mir. Der musste da sowieso was baggern, in der Gegend, und dann ist er halt bei dir vorbeigefahren.«

»Ach«, denke ich laut, »dann hat Martha sich das nicht ausgedacht.«

Es ist erst ein paar Tage her, dass mir Martha von einem Mann in Gummistiefeln erzählt hatte. Lustig sei der gewesen, mit einem ulkigen Auto.

»Aber Martha ist nicht auf dem Bagger mitgefahren?«, frage ich. Das fehlt mir gerade noch. Ich habe keine Schwierigkeiten, mir Martha auf einem Baufahrzeug vorzustellen; sie kommt da problemlos hoch.

»Sie saß nicht am Steuer«, sagt Papa.

»Boah, wenn das Gertrud gesehen hat! Die ruft doch sofort wieder im Gericht an.«

Papa lacht. »Die haben wir natürlich gleich mit erledigt. Wir haben sie einfach gefragt, wie das mit der Baugenehmigung für ihren Schuppen aussieht. Die war so schnell in ihrem Haus verschwunden wie der Kuckuck in der Uhr.«

Das gefällt mir, denn es stimmt, Gertruds Schuppen steht halb auf der Straße. Heinrich hatte mir einmal davon erzählt. »Wenn sie dir lästig wird, rufst du im Bauamt an, du bist dann ja auch Anliegerin. Dieser Schuppen blockiert die Zufahrt für größere Wagen, das ist schon so.«

»Woher wusstet ihr das?«, frage ich.

»Bauleute«, sagt mein Vater, »Bauleute haben Augenmaß.«

»Aber sie haben auch einen Knall«, sage ich. »Eine Oma von 83 Jahren auf dem Bagger mitfahren zu lassen.«

»Immer das letzte Wort«, sagt er, »du musst immer das letzte Wort haben.«

»Selber«, ergänze ich.

Und dann gehen wir wählen, in dem Schützenhaus am Ende der Straße.

»Gibt's auch nur hier«, sage ich, »wählen bei den Schützen. Mehr Land geht nicht.«

»Hauptsache, du wählst nicht wie die Schützen«, gibt er zurück. Er hat natürlich nicht leise gesprochen. Bauleute reden immer gegen den Bagger an, auch, wenn der gerade woanders herumfährt.

»Was soll ich denn wählen?«, fragt ein Mann mit Hosenträgern und Cordhut, »sag mir das doch bitte mal.«

»Ist doch einfach. Keine Nazis.«

»Stimmt«, sagt der mit den Hosenträgern, »und außerdem habe ich mich an Schwarz gewöhnt. Egal, ob diese Frau aus dem Osten kommt oder auch noch studiert hat.«

»Hör mal«, sagt mein Vater, »wo wir schon einen Syrer beschäftigen.«

Ich horche auf. Papa hat sich nie um meine Personalentscheidungen gekümmert, obwohl uns die Firma gemeinsam gehört. Papa mischt sich nur bei falschen Männern ein.

»Also, unser Mahmoud«, sagt Papa, »ein feiner Kerl. Wir schicken den auch noch zum Studieren. Die meisten deutschen Abiturienten sind einfach zu dumm. Aber das liegt an diesen Gesamtschulen, und soweit ich weiß, wurde Syrien zumindest davon verschont.«

Der Cord-Mann hat den Anschluss verpasst, ich sehe Fragezeichen in seinen Augen. »Vielleicht kann der Karten spielen«, murmelt er. »Deine Töchter machen ja leider nicht mit.«

Papa freut sich. Eine gute Idee. Aber jetzt ist es auch genug mit der Politik, er hat gewählt, und jetzt will er spazieren gehen. Ich verabschiede mich, ich will später noch nach Gütersloh ins Kreishaus, mir die ersten Wahlprognosen ansehen.

Martha fährt mit, denn die Strecke ist lang. Martha fährt gern länger im Auto, nicht immer nur acht Minuten bis in die Buchhandlung. Sie sieht gut aus an dem Tag, apart. Sie trägt enge Jeans, einen langen schwarzen Pullover, eine hellgraue Jacke und den türkisfarbenen Turban von Pfingsten. Dazu rosa Turnschuhe.

Ich werde sie später auf einem großen Zeitungsfoto entdecken, das von oben, von der Galerie des Sitzungssaales aufgenommen ist. Viele schwarze Anzüge, ein paar blaue, die Damen in gedeckten Kostümen. Und dann der türkisfarbene Turban, darunter weiße Haare.

Wir sitzen ganz hinten, auf einem Tisch, denn alle

Stühle sind bereits vergeben. In der vorletzten Reihe erhebt sich ein freundlicher Mensch in Tweed und bietet Martha seinen Sitzplatz an. Sie verneint. Sie habe sich stets am Rand gehalten, erklärt sie. Der Mann versteht das gut, sagt er. Ich wundere mich. Martha ist total präsent an diesem Abend, sie ist wach wie selten. Vielleicht, weil ich einen Entschluss gefasst habe, weil ich mit Papa vereinbart habe, dass er sich mal umhört, ob einer seiner Freunde etwas zu vermieten hat. Vielleicht, weil es mir besser geht, weil mir leicht ist. Ich weiß es nicht, aber es ist ein schönes Gefühl.

Dann die Hochrechnung. Der hellblaue Balken steigt und steigt. Martha stupst mich an, fragend.

»Ich habe ja die Kommunisten gewählt«, sagt sie, »wie immer.«

Du hast gar nicht gewählt, denke ich. Ich habe deinen Wahlschein hier in der Tasche. Dass du überhaupt einen Wahlschein hast, liegt eher an der Trödelei in diesem Gemeindebüro als an einem innovativen Wahlrecht mit Optionen für Entmündigte.

»Hellblau«, erkläre ich, »das ist die Partei rechts von der CDU. Ich mag die nicht.«

»Nazis«, ruft Martha in den Saal, »nie wieder Nazis.«

Etliche Leute blicken sich um, die meisten irritiert. Der Mann in Tweed, der mit dem Stuhl, sagt laut:

»Sie hat recht. Es ist ein schlimmer Tag.«

Ich weiß nicht, wer er ist, aber seine Stimme scheint Gewicht zu haben. Verschiedene andere kommen dazu, Konservative. Gravitätische, vermutlich vermögende

Männer. Keine, die ich mir direkt zu Freunden suchen würde; ich weiß, dass die meisten von denen es nicht mögen, wenn Frauen allein mit ihrer Meinung sind. Solche Männer haben für gewöhnlich eine Meinung, die ihre Frau und drei Kinder mühelos mit einschließt. Genug Meinung für alle, in so einem Patriarchen.

Sie wollen zusammen essen, sagt einer, und ob ich sie wohl begleite. Ich deute mit dem Kopf auf Martha.

»Sie gehört aber auch dazu«, sage ich.

»Selbstredend«, meint der Tweedmensch, »man sprach von Ihnen.«

»Wer?«, erkundige ich mich misstrauisch. Seit das halbe Dorf mir nachstellt, neige ich zu Verschwörungstheorien. Clara macht sich manchmal darüber lustig, aber Papa versteht mich. »Abstand wahren«, lautet sein Rat. Ich bin ausnahmsweise diplomatisch.

»Ein anderes Mal sehr gern«, sage ich, »aber wir haben noch einen weiten Weg. Einmal quer durch den Kreis und dann noch über die Landesgrenze.«

Ich reiche meine Visitenkarte herum.

»Ach«, sagt einer, ein vornehmer Mann im Kaschmirpullover, »ach, das ist aber interessant. Bücher. Ich habe morgen einen Termin in der Gegend, ein trauriges Mandat. Ich komme anschließend mal bei Ihnen vorbei.«

Er hält inne, er hat mein Zögern bemerkt.

»Oder möchten Sie das nicht?«

»Entschuldigen Sie«, erkläre ich, »ich bin so vorsichtig, weil wir seit Monaten belästigt werden. Wir müssen sogar umziehen deshalb.«

Der Mann winkt ab: »Lassen Sie mich raten: eine Erbangelegenheit?«

»Im weitesten Sinne, ja«, sage ich. »Woher wissen Sie das?«

Er lächelt. »Die Menschen sind nicht so verschieden. Eine junge Frau und eine alte Frau, offensichtlich keine Verwandten. Da fehlt noch einer, und der ist sicher tot.«

»Ja«, ergänze ich, »die eine und die andere Geliebte, ein kleines Haus und lauter Nachbarn.«

»Also, in dem Fall«, er unterbricht sich, »also, ich glaube, es ist eine Fügung. Ich muss den Hausstand eines Freundes auflösen, da bei Ihnen in der Gegend. Er ist stark dement, Alzheimer. Die Kinder sind weit weg und zerstritten, und er hat ein schönes Haus. Wir müssen es verkaufen, um das Altersheim zu bezahlen.«

»Kaufen geht gerade nicht«, sage ich.

»Sie sind aber schnell«, meint er anerkennend.

»Ja«, sage ich, »wenn, dann. Wie wäre es zur Miete, ginge das?«

Der Mann lacht. »Schauen Sie es sich erst mal an. Beim Geld werden wir uns wohl einig, wenn es Ihnen nur gefällt. Es ist ein besonderes Haus.«

»Wie ich«, sagt Martha, »ich bin natürlich sehr besonders.«

Ich merke, sie hat genug für diesen Tag, ihr Kopf ist voll.

Wir verabschieden uns und fahren nach Hause. Martha singt ein Lied, leider vierzig Minuten durchgehend: *Bel Ami*. Ich brate ihr ein Spiegelei und lasse sie singen. Ich hänge vor dem Computer an diesem Abend, sehe die Hochrechnungen und fasse es alles nicht.

Ich rufe Mahmoud an. »Du gehörst zu uns«, sage ich.

»Ich weiß«, sagt er, »hat mir dein Vater auch schon gesagt.«

»Woher hat er deine Nummer?«, wundere ich mich.

»Bekannte«, sagt Mahmoud, »Bekannte auf Baustellen. Bekannte sind wichtig in Deutschland, hast du mir beigebracht.«

Der Kaschmirmann hält Wort. Am Dienstag nach der Wahl fährt ein elegantes Auto vor der Buchhandlung in Borgholzhausen vor. Nein, es macht Station. Es ist nicht so ein peinlicher, ganz offensichtlich teurer Wagen, wie ihn die Gattin eines Wurstfabrikanten fahren würde. Es ist ein vornehmes Auto, ein kleiner Zweisitzer, ein Jaguar.

»Ich fahre hinterher«, sage ich.

»Wieso«, fragt der Mann, »haben Sie etwa Angst vor mir?«

»Nee. Aber Martha wird das Auto lieben. Wenn Sie Martha darin abholen, wird ihr das Haus ziemlich sicher gefallen.«

Er lächelt, und wir fahren los. Es sieht bestimmt lustig aus, der kleine rote Opel, nicht so sauber, und dahinter der silbrig schimmernde Jaguar.

Ich nehme extra die ganz geheime Strecke über Land, die absolut keiner kennt, der nicht von hier ist. Solche Nebensächlichkeiten mochte Heinrich, die hätten ihn amüsiert, denke ich. Und dass ich sein Haus verlasse? Heinrich hätte das Problem mit den Stalkern anders gelöst, glaube ich. Er wäre geblieben, um jeden Preis. Hätte den Leuten Geld gegeben, sie bestochen für seine Ruhe.

Ich fand es einen seiner weniger angenehmen Züge, diese Gleichgültigkeit. Eine bequeme Methode, Problemen aus dem Weg zu gehen. Aber nicht meine. Zumal Marthas Wirtschaftsvormund und ich längst nicht in allem einer Meinung sind. Aber wir sind uns immer einig, dass wir nichts Illegales tun. Uns strafbar machen, für Idioten? Um vor Idioten einzuknicken? Niemals.

Die abstrakte Loyalität des *Knopper*-Manns geht über Heinrichs Form der Fürsorge oft hinaus. Heinrich hat zugesehen, dass sie beide ihre Ruhe hatten, Martha und er. Dass diese Ruhe für Martha manchmal zu ruhig, dass die Abgeschiedenheit Gemüt und Gehirn nicht immer zuträglich war, habe ich häufiger gedacht. Aber als ich das einmal angesprochen habe, gar nicht so lange nach Heinrichs erstem Krankenhausaufenthalt, ist er böse geworden. Ein Wutanfall, er hat getobt. Er hat mich beschimpft, dass ich keine Ahnung hätte, dass er Martha viel besser kenne als ich.

Damals, denke ich jetzt, *kanntest du Martha besser als ich. Und du hast das ausgenutzt, für deine Bequemlichkeit. Du hast für sie gesprochen, aber zu dei-*

nen Gunsten. Weil du nämlich nicht in der Lage warst, dich zu verändern. Nicht konntest oder wolltest. Ich kann aber, denke ich. *Ich habe sowieso kein Geld, um deine korrupten Nachbarn zu schmieren, und ich tue das auch nicht, aus Prinzip.*

Ich verlasse also mit Martha Heinrichs Haus. Es fühlt sich nach mehr als einem Umzug an. Emanzipation, vielleicht? Das würde Heinrich überhaupt nicht gefallen. Dass ich beschließe, sein und jetzt mein Haus nur noch teilweise zu nutzen, ist eins. Ich glaube, es wäre ihm egal. Aber dass ich meine, mich von ihm befreien zu müssen, wäre eine herbe Kränkung. *Er hat sie sich erspart,* denke ich.

Und dann sind wir da. Der Jaguar hält oben bei dem ramponierten Briefkasten, der Mann sieht sich um.

»Schöne Lage«, meint er, »hier haben Sie doch eigentlich Ihre Ruhe.«

»Ich hole Martha, Moment«, sage ich und denke, mal sehen, wann die Kuckuckstür aufgeht.

Es sind ein paar Schritte zum Haus, und Martha geht natürlich nicht schnell mit, nur weil ich es gerade eilig habe. Die Schuhe, die Haare, das Kopftuch. Sie muss auch noch den Lidstrich nachziehen. Ein Lidstrich waagerecht, einer steht nach oben. *Wie ein beschwipster Pfau,* denke ich. Vielleicht kaufe ich ihr einfach keinen mehr. Oder wäre das schon gegen ihre Interessen und nur für meine eigene Bequemlichkeit? Ich wische den Gedanken beiseite; später.

Wir nähern uns dem Jaguar, er glänzt in der Sonne.

»Und der ist für mich?«, erkundigt sich Martha.

Typisch, denke ich. *Weniger als das Beste kommt dir nicht in den Sinn.*

»Du fährst jedenfalls mit«, sage ich.

»Kann ich vorne sitzen?«, will sie wissen.

»Das Auto hat nur zwei Sitze«, erkläre ich. »Der Mann am Steuer ist ein guter Bekannter, und wir müssen ihm helfen.«

»Gar kein Problem«, meint Martha.

Ich stelle sie vor, und Martha lässt sich die Tür aufhalten.

Dass im Hintergrund eine gebückte Frau mit dunkler Sonnenbrille ihren Rollator hin- und herschiebt, als sei sie ein Panda im Gehege, nehme ich wohl wahr. Aber wer ist das jetzt schon wieder? Wie verrückt sind diese Leute, dass sie eine Greisin auf uns ansetzen? Höchste Zeit, dass wir hier rauskommen.

Das feine Auto setzt sich in Bewegung, es gleitet, und ich fahre hinterher. Ich sehe mit Vergnügen, dass Martha kerzengerade sitzt; eine Königin. Sie hebt die Hand, aber sie winkt nicht. Sie fährt an den Untertanen vorbei, und tatsächlich, da stehen sie. Der schlimme, dunkle Winter kommt mir in den Sinn, die Leute, die ihr aufgelauert und sie in solche Not gestürzt haben. Jetzt stehen sie da und glotzen.

Das Leben ist nicht immer nur ungerecht, denke ich.

Dann muss ich mich auf den Verkehr konzentrieren. Geradeaus, rechts, eine Weile geradeaus. Durch eine

Siedlung, doch, die kenne ich. Da sind Heinrich und ich mit dem Fahrrad öfter entlanggefahren. Geradeaus, über eine Kreuzung. Aber dann bin ich verloren.

Es ist sehr auf dem Land bei uns, es gibt diese Dörfer länger als so einen neumodernen Kram wie Stadtentwicklung, Landschaftsplanung. Es gibt Wirrwarr und manchmal eine Umgehungsstraße. Eigentlich ein Sinnbild für das Leben auf dem Land. Wenn Sie es übersichtlich brauchen, verlassen Sie die Umgehungsstraße nicht. Im Inneren der Landschaft widerfährt Ihnen das Leben. Es ist bunt und eigen, meistens schön, manchmal unerwartet aufregend.

Wir fahren um noch ein paar Ecken, aber keinen weiten Weg. Dann hält der Jaguar. Der Herr steigt aus, geht um den Wagen, öffnet Martha die Tür und bietet ihr seinen Arm. Ich sehe, sie strahlt. Ihr ganzer Körper spricht von Angemessenheit. Diesen Umgang wünscht sie sich. Ich werde dem Berufsbetreuer später schreiben, er soll froh sein, dass wir nur ein Einfamilienhaus besichtigt haben und keinen Palast. Martha ist nämlich fest entschlossen, ich sehe das. Weiß sie, worum es geht?

Ich steige auch aus. Eine Siedlung wie so viele, ein Neubaugebiet aus den Neunzigern. Meine Eltern haben vor zwanzig Jahren in einer ähnlichen Siedlung gebaut, und die Häuser sehen ungefähr so aus wie dort. Ein bisschen individuell, aber nicht sehr. Funktionale, dabei optisch ansprechende Bauten, aber keine Architektur in einem künstlerischen Sinn. Häuser für

Ostwestfalen. Ich bin damals nicht mehr mit eingezogen, ich war mit der Schule fertig und verließ die Gegend. Nun könnte ich also ästhetisch in meine Schulzeit zurückziehen. Hm. Wir gehen ein paar Schritte und stehen dann vor einem niedrigen weißen Haus. Anderthalb Etagen, unauffällig. Bäume stehen darum, das Gras wächst hoch. Der Mann nimmt ein Schlüsselbund aus seiner Aktentasche und öffnet die Tür. Eine schwarze Katze springt uns entgegen, mehr furchtsam als gefährlich. Lackschwarz, gelbe Augen. »Mimi«, freut sich Martha, »Mimilein, da bist du ja. Komm in meine Arme!«

Die Katze schaut erstaunt, die Bekanntschaft ist offenbar einseitig. Das beruhigt mich, denn nach dem ganzen Irrsinn denke ich mitunter, ich sehe schon Gespenster. Der Mann ist auch verblüfft, scheint aber nicht pikiert oder befremdet, wie Menschen das sonst manchmal sind, wenn Martha die Zeiten durcheinanderwirft. Ich vermute, sie hat irgendwann einmal eine schwarze Katze namens Mimi besessen. Eine frühere Martha begegnet einer jetzigen Katze, und die kann das wohl aushalten. Sie lässt sich streicheln und aufheben, die Chemie stimmt.

»Seien Sie glücklich«, sagt der Mann, »so eine angenehme Verlaufsform.«

»Der Demenz?«

Ich mag Menschen, die auf den Punkt kommen.

»Ja«, sagt er. »Sie hat mir auf der Fahrt allerlei erzählt. Sie ist ein paarmal gesprungen, aber die Sätze waren in sich schlüssig. Der Besitzer dieses Hauses weiß nicht einmal mehr seinen Namen. Er ist binnen Monaten verfallen. Jetzt ist September, und letzte Weihnachten waren wir noch zusammen auf Sylt. So schnell kann das gehen.«

»Ich kenne Martha jetzt vier Jahre«, berichte ich, »und es ist nicht schlimmer geworden. Sie hat sich immer mal verändert, hat Fähigkeiten vergessen und andere plötzlich wieder eingesetzt.«

»Und der Wortschatz?«, will er wissen. »Sie kann sich noch sehr präzise ausdrücken, das ist auch selten.«

»Sie vergisst die Bezeichnung der Dinge, den Zusammenhang des Zeichens mit dem Bezeichneten, aber die Begriffe als solche vergisst sie nicht«, berichte ich.

»Saussure«, staunt er, »von dem hat lange keiner mehr gesprochen«.

Ich freue mich, dass er das erkennt. »Ich finde den sprachlichen Umgang mit der Demenz oft nicht gut«, sage ich, »der ist unnötig ungenau.«

»Ist aber auch nicht jeder ein Linguist«, mahnt er freundlich, »Altenpflege ist nun mal kein akademisches Metier.«

»Das meine ich nicht. Ich finde aber, man muss seine eigenen Worte finden. Meine sind zufällig akademisch. Aber die alten Bauern haben auch schöne Bezeichnungen. ›Zurück in der Kindheit‹, das ist ein freundliches Bild, das den Zustand gut trifft. Oder eben Heinrichs ›poetische Verfassung‹.«

»Ich wiederhole mich«, sagt der Mann, »Sie können sich glücklich schätzen. Die schlimmen Formen von Demenz, das halten Sie kaum aus. Da liegen dann Menschen, deren Körper stabil funktionieren, über Jahre. Aber sie liegen und liegen, und alles, was Sie tun können: Vermeiden, dass sie wunde Stellen bekommen. Es ist furchtbar.«

Er spricht, als ginge es nicht nur um seinen Freund. Soll ich fragen? Ich zögere.

»Meine Frau«, sagt er. »Sieben Jahre, und dann hatte sie Glück. Infektion, eingeschlafen.«

»Die war aber noch recht jung?«, erkundige ich mich.

»Ja, kaum über sechzig, als es anfing.« Er seufzt, atmet einmal mit Energie. Als müsste er sich neu aufladen. »Geschichten«, sagt er. »Aber nun treten Sie ein.«

Wir gehen ins Licht. Man sieht es dem kleinen Haus von außen nicht an, aber es ist hell und geräumig. Die untere Etage ist fast ganz offen, und eine Wand ist verglast. Von diesem riesigen Wintergarten zweigen zwei kleine Räume ab, ein Badezimmer und ein Büro. Eine Küche gibt es auch, und aus dem großen Raum führt eine gewundene Treppe aus Holz nach oben. Sie ist elegant, ohne protzig zu sein. Das Haus ist überhaupt besonders, gar nicht wie diese überfunktionalen Einfamilienhäuser. Es ist ein Haus zum Verweilen, denke ich. Keins, um privat geschäftig zu sein.

»Wir können es nur schwer vermieten«, sagt der Mann. »Die meisten Interessenten finden es unpraktisch, die wollen sofort Wände einziehen.«

»Na ja, das ist kein Haus für eine Familie mit Kindern, jedenfalls nicht so«, meine ich. »Aber mir gefällt das wohl. Martha?«

Ich sehe mich um. Martha und die Katze haben sich auf ein Sofa zurückgezogen. Sie sitzen da, als hätten sie nie etwas anderes getan. Als wären sie hier eingebaut wie ein Mosaik aus bunten Steinen. *Oma mit Katze vor Wand.* Martha blickt auf, sieht sich um, strahlt.

»Schön«, sagt sie, »die Mimi und ich bleiben jetzt hier.«

Ich wundere mich, ich hatte mir das schwieriger vorgestellt. Ich hatte befürchtet, ich müsste sie aus dem alten Haus pulen wie einen Apfelkern aus dem Gehäuse. Ich hatte überlegt, wie ich ihr am besten erkläre, dass wir umziehen. Zusammen. Nicht ins Altersheim, nicht mal in eine Seniorenwohnung. Einfach irgendwohin, wo man die Tür abschließen kann.

»Zentralheizung«, hatte der Rechtsbetreuer gesagt. »Ich unterstütze durchaus, dass die Betreute nicht länger am offenen Feuer arbeitet.« Sein Kastendeutsch gefällt mir. Etwas eckig, aber nicht frei von Zuneigung. Vielleicht, denke ich, sind Gefühle in Ostwestfalen Quader. Kleine Kästchen mit vier Ecken, die man stapeln und verräumen kann, einbauen, umstellen. Emotionale Ziegelsteine, die ein solides Bauwerk ergeben. Eher schmucklos, aber stoisch und gemütvoll.

»Die Mimi und ich«, sagt Martha, »hatten uns sowieso gewundert, warum wir immer bei mir wohnen mussten und nie bei dir.«

Ich merke, sie arbeitet in meine Richtung. Sie hat bestimmt nicht verstanden, warum wir hier sind, aber sie merkt, mir liegt daran, dass wir in dieses Haus einziehen. Deswegen macht sie mit.

Der Mann und ich bereden ein paar Einzelheiten. Strom, Telefon, die alten Haushaltsgeräte.

»Den Kühlschrank sollten Sie tauschen«, meint er. »Der steht da seit 1996, ich habe mich so oft daraus bedient.«

»Aber das ist doch nicht Ihr Haus? Und das Ihrer verstorbenen Frau?« Ich würde mich wundern, ich vermute, dieser Herr wohnt anders. Großbürgerlich wahrscheinlich. Intarsienmöbel, kostbares Porzellan.

»Nein, nein«, erklärt er. »Bei aller Sympathie, aber so sieht mein Haus nicht aus. Der Eigentümer war ein Kommilitone von mir, vor ganz langer Zeit. Volkswirtschaft. Aber ich hatte Jura im zweiten Fach, und er war Mathematiker. Er ist einen anderen Weg gegangen.«

»Ach, wie Heinrich. Noch so ein Zahlenkünstler. Vielleicht kannten sie sich«, überlege ich. »Vom Alter müsste es passen.«

»Wir können sie nicht mehr fragen«, meint der Mann.

Er klingt resigniert. Er klingt, als sei da mehr.

»Die haben hier doch zu zweit gewohnt«, überlege ich laut. »Das ist kein Single-Haushalt.«

»Ja. Seine Frau ist an Krebs gestorben, vorletztes Jahr. Sie haben sich sehr geliebt, eine ganz schöne Ehe. Er hat es nicht verwunden, dass sie vor ihm gehen musste. Er hat sich ins Nichts gestürzt, in die Demenz.«

»Und die Kinder?«

»Er hat Kinder aus der ersten Ehe. Die Kinder sind, tja ...« Er hält inne. Er wird jetzt sagen, dass er nichts von allzu modernen Verhältnissen hält. Irgendwas in der Art. Aber er schweigt.

»Meine Eltern sind seit mehr als vierzig Jahren verheiratet«, erzähle ich. »Ich denke manchmal, das ist ihr bester Dienst an meinem Leben.«

Er sieht mich an, hält nochmal inne. »Dann muss ich ja nichts weiter sagen. Sie können das Haus jedenfalls ab sofort für sich nutzen, und wegen des Mietvertrags vereinbare ich mich mit diesem Rechtsanwalt. Der Sohn eines befreundeten Rotariers. Ein lieber Junge.«

»Und plötzlich ist es einfach«, sagt Papa später. »Man macht und tut und sieht kein Licht. Und dann, auf einmal, ist es einfach.«

Wir haben uns das Haus gemeinsam angesehen, und er hat keine Bedenken. »Solide«, sagt er. »Bei aller Kuriosität eine solide Angelegenheit.«

»So wie ich!«, strahlt Martha.

Er sieht sie von der Seite an, er grinst. »Ja. Und frech.«

Martha spricht weiter, sie nimmt eine Angewohnheit aus Heinrichs Zeiten wieder auf. Sie albert herum, sie ist frech vor Lebensleichtigkeit. Ich mochte das immer gern leiden, dieses fröhliche Blubbern. Wie Schaumbad für die Ohren, aber manchmal mit einem Körnchen Sand.

Wann war sie so zum letzten Mal? Das muss lange her sein, das war womöglich, bevor Heinrich gestorben ist. Dann fällt es mir wieder ein. Am vierten Advent, an dem letzten Adventssonntag in Heinrichs Leben war sie so.

Es war ungewöhnlich warm gewesen, die Sonne schien. Wir hatten ein langes Frühstück gegessen, Heinrich hatte Klavier gespielt, und ich las vor. Marcel Reich-Ranicki über Anna Seghers, warum auch immer. Martha war für Anna Seghers gewesen, klar, eine Frau. Reich-Ranickis Einschätzung hatte sie abgelehnt, aus Prinzip. Ich hatte sie nachvollziehen können, die Schwächung des Schreibens durch den weltanschaulichen Konflikt.

»Ideologie schwächt Poesie«, hatte Heinrich resümiert.

Und Martha hatte weitergereimt: »Poesie, Utopie, Fotokopie, Faxgerät.«

Sie hatte sich ausgeschüttet vor Lachen, und Heinrich hatte gelächelt. Ich habe Bilder von diesem Tag;

sie sind schön. Die beiden alten Leute in der kleinen Küche, weiße Haare, Licht, das durchs Fenster fällt. Die Tischdecke verblichen, auch Kaffeetassen aus einer anderen Epoche. Aber Kant, in Leinen.

»Das geistige Frühstück«, wie Heinrich nie zu sagen müde wurde. »Denke auch stets an dein geistiges Frühstück. Kaffee kriegst du überall.«

Dieser schöne Morgen liegt fast zwei Jahre zurück. Eindreiviertel, um genau zu sein. Ein ganzes Jahr, ein Jahr, das Heinrich zum Kranksein und zum Sterben brauchte, ein Jahr des Abschieds. Aber dass ein großer Teil des Jahres, das danach ohne ihn verging, auch noch seiner Vergangenheit gewidmet werden musste, das hatte ich nicht gedacht.

Ich spreche mit den Eltern darüber.

»Neid«, sagt mein Vater, »für so viel Neid musst du hart arbeiten.«

»Das bisschen Geld«, wende ich ein, »es ist schließlich nur ein kleines altes Klapperhaus.«

Er sieht mich an, wir schweigen.

»Wenn er nicht so alt gewesen wäre«, sagt mein Vater, »ich hätte ihn vom Hof gescheucht. Beamte in meiner Familie, das gibt es nicht auf Dauer.«

»Bei mir auch nicht«, sagt Martha, »klare Sache.«

»Du hast den Durchblick«, lacht Papa.

»Immer«, triumphiert Martha. Sie hält sich die Hand vors Gesicht und linst durch die Finger. »Hier, dieser Durchblick. Schau mal.«

Sie duzen sich, fällt mir auf. Meine Eltern haben sich mit Heinrich gesiezt. Sie kannten einander, sie waren sich auch irgendwie gewogen. Aber es blieb beim Sie. Martha duzt. Und Martha duzt nicht von allein; dazu ist sie zu höflich. Das ergibt sich bei ihr, wenn sie sich wohlfühlt. Sie hat sich also seelisch bei uns eingerichtet.

Der Umzug ist schnell gemacht. Ich packe Marthas Sachen in einen Koffer, und dann gehen wir los. Zu Fuß, bis zu Huberts Garage. Dort parke ich. Ich will nicht, dass die Leute auf der anderen Seite uns sehen. Ich habe Hubert erzählt, dass wir umziehen. Wir verabreden, dass wir uns regelmäßig sehen wollen, auch mit Thorsten Schornsteinfeger und seiner Therese. Die drei machen sich Gedanken, dass ich sie womöglich nicht mehr mag.

»Aber doch nicht wegen Gertrud«, sage ich. »Also, das kann ich schon unterscheiden.«

Martha habe ich an meiner rechten Hand, den Koffer links. Viel ist nicht drin, ihre Pantoffeln, zwei Plüschbären und eine Dose Instant-Cappuccino.

Ich fahre noch zweimal mit dem Auto hin und her und lege dann mein Haus in Winterschlaf. Im Frühjahr werde ich kommen und für Ordnung sorgen, nächstes Jahr.

Aber zunächst kommt ein Herbst mit Regen und dann ein kalter Winter. Ende November schneit es, und wir genießen das neue Haus, Martha und ich. Warmes Wasser aus der Leitung, wir haben nicht nur einen neuen Kühlschrank, sondern auch einen neuen Herd. Ich kaufe Töpfe und Pfannen, kaufe Geschirr.

Das ist jetzt mein Haushalt, in dem ich für Martha koche. Es ist zwischen uns beiden nicht wichtig, wir haben uns nie zu der anderen in Position gebracht. Aber es fühlt sich gut an. Ich bin der Haushaltsvorstand, und bei mir ist es warm. Niemand friert, der Schrank ist gut gefüllt.

Und plötzlich geht mir die Arbeit gut von der Hand. Ich plane und schreibe und rechne, ich verkaufe im Dezember die Buchhandlung halb leer, verpacke Hunderte von Geschenken. Weihnachten bin ich zwar auch müde, aber ich sinke nicht ins Koma, nicht wie letztes Jahr. Außerdem habe ich bei Facebook eine andere Verlegerin kennengelernt, aus München. Ich finde sie sehr nett, und ich bewundere, was sie tut. Es ist alles eine Nummer größer als bei mir, professioneller. Gefällt mir. Und dann ruft sie eines Tages an und fragt, ob ich nicht wohl ein Buch für sie schreiben möchte. Sie hat noch einen Programmplatz frei, jemand ist abgesprungen, und sie traut mir ein Buch zu, auch in der Kürze der Zeit. Aber sie weiß nicht, welche Themen mir liegen.

»Kleine Oma«, sage ich ohne nachzudenken, »ich möchte das Buch von der Kleinen Oma schreiben.«

Sie ist sofort einverstanden, und als ich Martha

frage, hat sie nichts dagegen. Dass sie die Hauptfigur sein soll, steht außer Frage. Sie entscheidet auch, wie sie heißen wird und dass die Katze Mimi heißt. Alles andere ist ihr egal.

Weihnachten besuchen wir meine Eltern. Die Geschwister sind auch da, außerdem zwei Nichten. Sie glauben noch ans Christkindchen, wie Martha mir hinter einer halben Hand zuflüstert.

»Die Babys«, kichert sie, »ich glaub das nämlich nicht mehr, ich bin doch schon ein großes Mädchen. Ich bin heute sieben Jahre alt.«

»Ja«, sage ich, »aber das bleibt unser Geheimnis.«

»Klar!«, verspricht Martha, »schließlich bist du die große Schwester, und ich bin die kleine.«

Ich erzähle den Eltern, dass ich einen Buchvertrag unterschrieben habe.

»Aber erst machst du endlich dieses andere Buch fertig«, mahnt meine Mutter, »das für den Landrat.«

»Ich wusste es schon immer«, sagt Papa, »eines Tages schreibst du Bücher. Und ich muss diese Frau mal kennenlernen, diese Verlegerin. Die scheint patent zu sein.«

2018

IM JANUAR bekommt Martha endlich ihren Pflegegrad. Sie hat allerlei Termine absolviert und sich zuverlässig doof gestellt. Verschiedene Personen haben sich von Martha ein Bild gemacht. Sie sitzen im Wohnzimmer, stellen Fragen, sie tragen etwas in Listen ein. Einer, das sehe ich, spielt nebenbei Schiffe versenken auf seinem Laptop. Als er merkt, dass ich hinter ihm stehe, klappt er den Bildschirm zu. Es ist ihm unangenehm.

»Soll nicht Ihr Schaden sein«, flüstert er. »Die ist doch irre. Die gehört ins Heim.«

Martha, ihm auf dem Sofa gegenüber, hat das gehört. Ihre Ohren funktionieren einwandfrei.

»Heim?«, ruft sie. »Sind sie ein Menschenfänger?«

Der Mann empört sich, auf eine pseudofreundliche Weise, dass ich Gänsehaut bekomme.

»Hilfsbedürftig und unverschämt. Seien Sie gefälligst dankbar.«

Martha rutscht auf dem Sofa herum. Sie schiebt sich die Hände unter die Beine, seitlich. Arme angewinkelt, Handflächen nach innen. Starre.

»Martha«, sage ich. »Schau mich an.«

Sie findet meinen Blick. Nee, Angst hat sie nicht. Aber sie ist böse, ihre Augen sind dunkel vor Zorn.

»Das Gespräch endet hier«, bescheide ich ihn. »Ich möchte Sie bitten, das Haus zu verlassen.«

Der Mann schnauft, er läuft rot an. Er fummelt an seinem Laptop herum, murmelt etwas.

Martha feixt. Im Gegensatz zu ihm weiß sie, dass dieser Ton ungünstig ist. Wenn ich kurz und förmlich werde, ist das Gespräch beendet. Ein für allemal.

»Das wird Konsequenzen haben«, schimpft er.

Ich sehe die Schweißringe unter seinen Achseln, er riecht. Ich reiche ihm die Hand, er schlägt sie aus.

»Konsequenzen«, murmelt er im Herausgehen.

»Arschloch«, ruft Martha.

Am nächsten Tag ist der Bericht da. Martha sei leicht zerstreut, steht da, nichts Gravierendes. Sie sei charakterlich bösartig, aber kein Pflegefall.

Er schreibt Martha gesünder, als sie ist, um mich abzustrafen, weil ich ihre Partei ergriffen habe. Wie armselig. Ich halte den Bescheid in Händen, wohl zwanzig Seiten. Kafka fällt mir ein, Franz Kafka in seinem Prager Versicherungsbüro. Sitzt herum, sieht an die Decke, verarbeitet seine Beklemmung zu Weltliteratur.

Ich schreibe fürs Erste einen Brief. Fristgerechter Widerspruch gegen die Graduierung von Frau Dr. Geißler. Begründung: Begutachtende Person ungeeignet, spielt Schiffe versenken am Laptop.

Wenige Tage später ein Anruf in der Buchhandlung: Ob das sein müsse? Und schon wieder dieser Ton, im Anklang freundlich, aber eine Umdrehung zu schrill. Kippt gleich, ich kenne das.

»Ich will ehrlich mit Ihnen sein«, pfeift die Frau am Telefon, »das sieht nicht gut aus. Wir machen die Regeln, und entweder, Sie spielen mit, oder ...« Der halbe Satz hängt in der Luft.

»Es ist mir unklar«, sage ich, »was Sie mit diesem Telefonat bezwecken wollen. Bitte bearbeiten Sie meinen Widerspruch.«

Die Frau schnappt: »Also, ich muss doch ...« Noch so ein halber Satz.

»Sie bearbeiten meinen Brief, das heißt, Sie schicken einen neuen Gutachter. Und jeder weitere Kontakt erfolgt schriftlich. Vielen Dank.« Ich werfe den Hörer auf.

Clara lacht. »Oh«, sagt sie. »Hatte jemand eine Erstbegegnung?«

»Letztbegegnung«, schimpfe ich.

Dann kommt ein Kunde, wir sprechen über etwas anderes, und ich vergesse das Telefonat. Ich denke oft, wie gut, dass ich mich nicht den ganzen Tag mit Pflegeverwaltung beschäftigen kann. Es würde mir auf die Seele fallen.

Tatsächlich erhalte ich drei Tage später eine höfliche Mail. Ein neuer Termin sei anberaumt für Montagmorgen um halb neun; ich möge an Ort und Stelle sein. Keiner fragt, ob ich Zeit habe, es interessiert auch niemanden, ob das eine gute Uhrzeit für Martha ist. Sie frühstückt im Bett, und dann bleibt sie noch eine ganze Weile liegen. Warum auch nicht? Aber ob das so einen Pflegegutachter interessiert? Nicht, dass der meint, sie sei einfach nur verwöhnt, eine Krümel-Diva.

Martha frühstückt im Bett, weil ich auf diese Weise sicher bin, dass sie gegessen und getrunken hat, wenn ich das Haus verlasse. Auf dem normalen Weg, vom Bett zur Toilette zum Kleiderschrank die Treppe herunter durch das Wohnzimmer zum Küchentisch, wo ich das Frühstück auch bereitstellen könnte: Auf diesem langen und für Martha mit unzähligen Ablenkungen versehenen Parcours klappt das nicht. Dann treffe ich sie mittags hungrig und nicht selten unnötig verwirrt an, weil ihrem Kopf die Nahrung fehlt. Sie bekommt also Frühstück ans Bett. Meinetwegen auch als Diva. Aber eigentlich wegen der Kalorien. Ich denke wieder an Franz Kafka.

»Los«, sage ich zu Clara. »Wir machen eine Kafka-Auslage.«

Sie malt einen Käfer auf Papier, für Martha. Ich mag sie.

Wir dekorieren aber Vorlesebücher. Die Kunden haben mit der Pflegekasse nichts zu tun.

Zu dem neuen Termin kommt eine Frau. Sie sieht friedlich aus, und sie hat auch kein Problem damit, dass ich gerade mit dem Steuerberater telefoniere. Sie macht eine Kopfbewegung. Ob sie allein zu Martha gehen darf?

»Ja«, sage ich. »Sie ist oben, sie lauert.«

»Martha«, rufe ich. »Hier kommt eine Frau zu Besuch. Sie will sich mit dir unterhalten.«

»Ich unterhalte mich nicht«, brüllt Martha. Eine Tür fliegt zu, rumms. Die Frau steigt die Treppe hoch, geht in Marthas Richtung, klopft. Martha wird sie beschimpfen, die Frau wird es persönlich nehmen, ein Urteil fällen, und dann geht das Theater von vorne los.

»Käfer«, sage ich zum Steuerberater.

»Kafka?«, fragt er.

»Ja«, sage ich. »Zweiter Termin zur Pflegegraduierung.«

»Sowas dauert«, meint er. »Aber Sie haben ja gute Nerven.«

Wir sprechen über unsere Bücher. Das Auftragsbuch ist voll, wie schön.

»Wenn ich nur an den Schreibtisch käme«, seufze ich. »Die Bürokratie des Altseins macht mich wahnsinnig.«

Wir verabschieden uns, ich koche Kaffee. Ich habe keine Lust. Ich habe absolut keine Lust, nach oben zu gehen und Martha zu befreien. Aber ich muss, ich bin ja die Betreuerin. Schnell noch Facebook anschauen. Ich habe keine Lust. Aber es ist ja Montagmorgen, und ich gehe hin. Ich rette Martha.

Die freundliche Frau kommt mir schon auf der Treppe entgegen.

»Bleiben Sie unten«, sagt sie. »Alles in Ordnung.«

Ich bin erstaunt, ich biete ihr Kaffee an. Sie zeigt

mir den Laptop mit ihrem Fragebogen, sie erklärt mir das Prinzip.

»Es gibt verschiedene Kategorien, körperliche Verfassung, seelische Gesundheit, Sozialverhalten. Ich muss auf Fragen antworten, und meine Antworten werden nach einem Punktesystem verarbeitet. Am Ende steht eine Zahl. Je höher die Zahl, desto geringer der Grad der Selbständigkeit.«

»Sie haben das also gar nicht zu entscheiden?«, frage ich.

»Nicht direkt«, meint sie. »Wenn man das ein paarmal gemacht hat, weiß man, welche Punkte nützlich sind. Man kann das schon steuern.«

Sie lächelt. Sie ist nicht böse.

»Wie finden Sie Martha?«, frage ich.

»Sehr ungewöhnlich«, sagt die Frau. »Außerordentlich selbstbewusst und sehr geschickt im Umgang mit dem Handicap. Sie bewahrt sich Würde.«

Ich bin verblüfft. Ich hätte es nicht besser sagen können.

»Das gefällt mir«, sage ich, »dankeschön.«

Die Frau streicht sich die Haare aus dem Gesicht, sie ist verlegen. »Ich komme in so viele Haushalte, wo es nicht läuft. Und hier ist es schön. Ich unterstütze das gern.«

»Was hat Martha Ihnen denn erzählt?«, frage ich und bin neugierig.

»Sie hat mir gezeigt, wie sie die Wäsche aufhängt. Strümpfe jeweils passend, Handtücher, Waschlappen.

Sie war sehr achtsam. Wir haben sonst nicht so viel geredet.«

»Und das genügt Ihnen?«

»Ja, natürlich. Die ärztlichen Gutachten sind eindeutig, und meine Aufgabe ist es, Ihnen Hilfe im Alltag zu organisieren. Was brauchen Sie?«

»Zeit«, sage ich, »Zeit, Zeit und Zeit.«

»Medizinische Hilfsmittel wären einfacher. Ein seniorengerechtes Badezimmer? Wir können das mit viertausend Euro bezuschussen.«

»Badezimmer?« Martha steht auf der vorletzten Treppenstufe. Sie hat zugehört, und jetzt wartet sie auf ein Signal von mir. Ich gehe hin, nehme sie bei der Hand und geleite sie zu dem runden Tisch, an dem wir sitzen.

»Wir haben uns darüber unterhalten, wie wir hier leben«, erkläre ich.

»Gut«, sagt Martha. »Wir leben natürlich sehr gut.«

Ihre Stimme klingt nach etwas; ein Hauch von Genugtuung ist darin. Die Frau streicht sich wieder die Haare aus dem Gesicht.

»Ich schreibe mal auf, Badezimmerumbau empfohlen.«

»Delfine«, sagt Martha. Jetzt eindeutig im Tonfall einer Siegerin. »Ich möchte bitte Delfinfliesen.«

Ich stutze. Die Frau sieht von ihrem Laptop auf. Es fällt mir dann wieder ein.

»Wir haben neulich jemand besucht«, berichte ich, »der hatte Delfinaufkleber auf seinen Badezimmerfliesen. Martha hat das gut gefallen.«

»Sie kann sich angenehme Dinge merken«, freut sich die Frau. »Das ist gut, denn alles andere ist sowieso nicht wichtig.«

Wir verabschieden sie, und Martha schüttelt lange ihre Hand.

»Die ist in Ordnung«, sagt sie.

Ich finde das auch.

Ein paar Tage später trifft ein Bescheid ein, wieder zwanzig Seiten. Ich blättere ihn rasch bis zum Ende durch. Martha hat ziemlich viele Punkte; ungefähr das, was ich mir auch ausgerechnet hatte. Bei den Anmerkungen lese ich: »Empfehlung zu kreativer Tätigkeit. Patientin hat Ressourcen und Lebensfreude.«

Als ich die Frau ein paar Monate später im Supermarkt sehe, spreche ich sie an.

»Danke«, sage ich. »Der Termin hat mir gut getan.«

Wieder streicht sie sich die Haare aus dem Gesicht.

»Ich habe öfter an Sie beide gedacht«, sagt sie. »Eine schöne Geschichte. Ich würde gern mehr Schönes erleben in meinem Job.«

Früher habe ich meine Kleider selbst genäht. Bevor ich den Buchladen hatte. Als ich über meine Zeit noch anders verfügen konnte. Ich habe nicht genäht, weil ich kein Geld hatte. Ich habe genäht, weil ich schöne Kleider wollte, schönere, als ich sie zu der Zeit hätte kaufen können. Und ich habe oft genäht, um meinen Kopf zu ordnen.

Ich habe damals schwierige Sachen studiert. Manchmal war mein Kopf so voll, dass ich Gardinen genäht habe oder Bettwäsche. Lange Nähte, gerade herunter. Als ich mit dem Studieren aufhörte, hatte ich einen ganzen Wäscheschrank zusammengeschneidert.

»Eine Aussteuer«, hatte meine Mutter verblüfft gesagt. Sie freute sich, dass ich etwas von früher in diese Universität eingespeist hatte. Früher, in den Achtzigern. Als die Mütter zu Hause blieben und später Teilzeit arbeiteten. Natürlich nur, wenn sie mussten. Ich hatte mich dieser Lebenswelt verweigert. Aber ich war unter Hausfrauen aufgewachsen, das merkte ich im Studium, weil ich ohne Anleitung kochen konnte. Und heimlich Gardinen nähte.

Jetzt sind fünfzehn Jahre vergangen, und plötzlich ist Nähen wahnsinnig angesagt. Überall Stoffläden, es gibt schöne Schnittmuster und hübsche Materialien. Früher kaufte ich Stoffe auf dem Türkenmarkt und hoffte bei jedem noch so muffigen Laden mit Garnröllchen und Knopfschachteln, dass er nicht schließen würde, bevor ich mein Studium beendet hätte. Und jetzt nähen alle. Wir haben ein großes Regal mit Handarbeitsbüchern in der Buchhandlung. Nähen, Stricken, Häkeln. Ich kann es gar nicht fassen.

Clara wundert sich auch.

»Wenn man nicht sieht, dass etwas selbst genäht ist, dann ist es gut«, erkläre ich.

»Okay«, sagt Clara. »Unsere Kunden müssen also noch üben.«

Sie hat denselben Humor wie Martha. Deswegen verstehen sie sich gut.

»Natürlich«, sagt Martha. »Sie ist schließlich nicht bescheuert und außerdem meine Kollegin. Wann kann ich überhaupt wieder arbeiten? Mir ist langweilig.«

Martha hält sich gern in der Buchhandlung auf. Ich kann nicht sagen, dass sie mich stört. Sie ist eben da und emsig, wie zu Hause. Aber sie irritiert die Kunden. Denn Martha ist nicht schüchtern. Sie spricht die Kunden an, höflich, aber kokett.

Sie geht zu einem der Postkartenständer, dreht ihn, betrachtet die Blumenmotive und wählt eins aus.

»Schön«, sagt sie zu einer Frau, die neben ihr steht. »Kaufen Sie das mal. Auf meinen Geschmack können Sie sich verlassen.«

Die Kundin, eine mittelalte Frau, sieht Martha skeptisch an.

»Kucken Sie nicht so«, sagt Martha. »Wenn Sie mehr lächeln, finden Männer Sie interessant.«

»Martha«, sage ich. »Kommst du bitte her?«

»Wieso?« Martha hält der Kundin eine andere Karte hin. »Und wenn Sie abnehmen, sind Sie auch nicht mehr so fett.«

Die Kundin wird rot, sie ist verlegen.

»Du kommst sofort mit, wir gehen Kaffee trinken.«

»Nö«, sagt Martha. Sie ist eingeschnappt. Sie setzt sich in einen Sessel in der Ecke und schmollt. Arme verschränkt, Blick nach oben. Sie rollt mit den Augen.

Clara greift ein.

»Ich wollte auch gerade Kaffee trinken«, sagt sie. »Martha könnte mich begleiten.«

»Danke«, sage ich und gebe ihr aus der Kasse zehn Euro. »Esst auch ein Stück Torte.«

Martha feixt. »Mit Sahne. Clara und ich können uns das leisten. Deswegen sind wir Kolleginnen.«

»Erst mal seid Ihr weg«, sage ich und schiebe sie aus dem Laden.

Was mache ich bloß mit der Kundin? Die ist nett, und sie hat wirklich Kummerspeck auf den Hüften. Martha hat eine messerscharfe Wahrnehmung. Es wäre allerdings schön, sie würde sie nicht sofort in Sprache umlegen. Zumal ihr in solchen Situationen nie die Worte fehlen. Auf einmal sitzt jeder Begriff. Die Kundin steht da noch, bei den Postkarten. Ist sie böse? Eher nein.

Ich erkläre, dass Martha zu meiner Familie gehört und dass sie speziell ist. Nicht sehr diplomatisch zum Beispiel. Die Frau lächelt zaghaft, eher ein Anflug, die Ankündigung eines Lächelns.

»Sie müssen sich nicht entschuldigen«, sagt sie. »Ich weiß, wie Demenzpatienten sind. Ich engagiere mich ehrenamtlich in der Cafeteria des Altenzentrums.«

»Hm.«

Jetzt fehlen mir die Worte. Ich weiß nicht viel über die Frau, aber ich mag sie. Ehrenamtliche Seniorenbetreuer mag ich meistens nicht. Die haben fast immer eine Mission, und das geht mir auf die Nerven.

»Es tut mir wirklich leid«, wiederhole ich mich. »Sie

hat einen Speicherschaden, aber deswegen sollte sie sich trotzdem benehmen.«

Die Frau lächelt. »Besser die Oma als die Angehörigen«, meint sie. »Ich geh da gerne hin, ins Altenzentrum. Vor allem, seit meine Eltern tot sind. Irgendwer ist immer noch einsamer als ich. Aber dass die Angehörigen mich so benutzen, das kränkt mich oft.«

»Inwiefern benutzen?«, frage ich. Ich habe eine Ahnung, was sie sagen wird.

»Es gibt immer ein paar alte Leute, die tatsächlich niemand haben. Aber die meisten werden bei uns abgeliefert, sobald sie nicht mehr alleine wohnen können. Die Angehörigen leben für sich, die meinen auch, es stünde ihnen zu. Als ob dieses Kümmern nur für Alleinstehende wäre, für Einsame und arme Leute.«

Sie klingt bitter. Und sie beschreibt eine Haltung, die mir auch begegnet. Das klingt dann so: »Sie müssten sich doch nicht um die verrückte Alte kümmern. Sie sind doch nicht blöd oder hässlich.« Ich sage dann immer, dass ich gern mit Martha zusammenlebe, dass Martha meine Familie ist.

Zu der Kundin in meinem Laden sage ich, dass ich meine, es würde vielen Leuten ganz gut tun, etwas Fürsorge zu leisten, für wen auch immer. Das ist meine ehrliche Meinung.

»Sie glauben an das Gute im Menschen«, sagt die Frau. Sie lacht, allerdings ein bisschen bitter.

»Ja, nein ...«, fange ich an. »Ich habe keine Lust zu glauben, dass es nur noch Idioten gibt.«

In dem Moment taucht Martha auf. Sie hat Puderzucker um den Mund, und ein Lebkuchenmann ragt aus ihrer Jackentasche. Sie geht zu der Kundin und gibt ihr die Hand.

»Hier, für dich«, sagt sie und reicht ihr das Gebäck. Die freundliche Frau strahlt. »Danke«, sagt sie. »Die Karte war genau richtig. Ich kaufe fünf.«

Ich verpacke die Karten, ich kassiere. Die Frau verabschiedet sich. Sie hat einen verblüffend festen Händedruck, für eine so weich aussehende Person allzumal. Martha bewegt sich im Hintergrund. Ich sehe, dass sie zufrieden ist. Wahrscheinlich hat sie vergessen, was passiert ist, aber der Eindruck ist ihr geblieben. Später frage ich Clara, ob das ihre Idee war, der Lebkuchenmann.

»So halb«, sagt Clara. »Wir haben Puderzuckerwaffeln gegessen, und Martha wusste noch, dass etwas komisch gelaufen war. Ich habe ihr bei der Lösung geholfen.«

»Und habt ihr zu Ende gegessen?«

Clara grinst. »Nein, natürlich nicht. Hier ist der Rest.« Sie gibt mir etwas Weiches, umschlagen mit Wachspapier. »Das ist Marthas Waffel.«

Später, zu Hause, packe ich die Waffel aus. Fünf von sechs Herzchen sind noch übrig. Deswegen waren sie so schnell wieder da. Martha isst die Herzen zum Abendbrot, mit Messer und Gabel. Es war ein guter Tag, für uns alle.

»Wir brauchen ein Hobby, Martha. Ich kann dich nicht mit zur Arbeit nehmen, wenn du die Kunden ärgerst. Wir machen was anderes zusammen, etwas, das uns beiden gefällt.«

»Gardinen«, sagt Martha. »Gardinen gefallen mir.«

Kann sie Gedanken lesen? Ich bin ganz sicher, ich habe ihr diese alten Geschichten nie erzählt. Und von wem soll sie sie sonst kennen? Mit Heinrich habe ich über Schopenhauer geredet. Er fand meine heimliche Leidenschaft fürs Haushalten banal. Unangemessen. Aber Heinrich ist fast zwei Jahre tot, und seither wirtschaften wir gemeinsam, Martha und ich. Ich habe gemerkt, ihr liegen ähnliche Tätigkeiten. Vielleicht gefallen ihr Gardinen, wie ihr das Marmeladeeinmachen, die lang gekochten Tomatensaucen und Blumenschmuck gefallen?

»Diese Gardinen«, sagt Martha, »sind langweilig. Ich bin ja noch nicht hundert.«

Sie steht vor den großen Fenstern im Flur. Schöne Leinen-Stores, schwerer Stoff, die fallen von allein. Also, die ausgerechnet würde ich nicht wechseln. Aber in der Küche, und oben, in dem Raum, wo Martha schläft.

»Lass uns mal Stoff anschauen fahren«, schlage ich ihr vor.

»Mit Punkten?«, fragt sie.

»Ja, wobei ich Karos auch mag.«

»Hässlich«, sagt Martha. »Eigentlich hässlich, aber vielleicht gibt's auch karierte Punkte. Oder abwechselnd, solche und solche.«

Wir fahren nach Bielefeld. Dort gibt es einen großen Stoffladen, in den ich früher oft gegangen bin. Er war nie allzu schick, aber ich bin dort schon als Schülerin gern gewesen. Wenn der Kopf voll war. Mal sehen, ob sie mit der Zeit gegangen sind. Ich habe die kleine Hoffnung, dass es noch so ist wie früher. Denn dann müssten sie kein Problem mit Martha haben. Sie waren dort immer auf diese rotzige Weise selbstbewusst, die sich nicht direkt als Herzlichkeit erschließt.

»Du musst ja nicht rumlaufen wie so eine Studierte«, hat mir mal eine Verkäuferin gesagt. »Reicht doch, dass du was im Kopf hast.«

Ich mochte sie dafür. Und noch für viele andere Klarheiten.

Also, mal sehen. Die Tiefgarage ist jedenfalls wie immer. Viel zu eng, es riecht auch komisch. Und ich weiß nie, wo der Fußgängerausgang ist. Ich laufe also die Autoeinfahrt hoch. Verboten, total verboten. Natürlich hupt uns ein Mercedesfahrer an. Martha hebt die Faust. Ich ziehe sie weiter. Kein Aufstand auf eindeutig verbotenem Terrain.

»Wieso? Wir können herumlaufen, wo wir wollen. Und das ist ja wohl nur ein Mann, in diesem Auto.«

»Nein, wir gehen jetzt Stoff kaufen, für neue Gardinen.«

»Okay«.

Sie folgt mir. Wir betreten das Geschäft, und zum Glück ist es wie immer. Sie haben Neonröhren, die jeden blass machen. Immer noch dieses gefleckte Laminat, wie es sonst nur im Finanzamt ausliegt. Lange Tische mit hohen Bergen von Stoff. Gerollt, gewickelt. Von der Decke hängen Auskünfte in schreiender Schrift – Sonderangebote, nur heute. Keine Veränderung, jedenfalls nicht auf den ersten Blick.

Zu den Gardinen müsste man links abbiegen, aber Martha ist schon losgelaufen. Geradeaus, dem Glitzer folgend. Ich lasse sie und schaue mich in Ruhe um. Doch, es hat sich ein bisschen verändert. Früher war ich hier oft allein unter Ausländern. Türkenfrauen mit Schleier, russische Spätaussiedler, die Frauen mit langen Zöpfen und im Rock. Meistens mit diesen hellen Strumpfhosen, die nicht durchsichtig sind, sondern, tja, fleischig. Die sind heute auch unterwegs; wie gesagt, es hat sich nicht stark verändert. Neu sind die Leute in meinem Alter. Männer und Frauen, interessanterweise. Weite Hosen, teure Taschen. Inszenierte Lässigkeit.

»Ich möchte aber nur sieben Zentimeter, zum Probewaschen«, sagt eine Stimme. Gouvernantenhafte Höflichkeit, die umschlagen wird, wenn dem Begehr nicht stattgegeben wird. Ich kenne solche Kunden.

»Sie hören«, eine männliche Stimme schaltet sich ein, »meine Partnerin hat Sie aufgefordert ...«

»Sie will was umsonst«, schnarrt eine Frau.

Ich kenne den Ton. Ich drehe mich um. Und sie ist es wirklich. Die ganz Klare, meine Lieblingsverkäuferin. Sieht aus wie immer, als seien nicht zwanzig Jahre vergangen. Akkurates Kleid, passende Schuhe, die Haare toupiert und natürlich weißblond.

»Sie will was umsonst«, wiederholt die Klare, »und das gibt's hier nicht. Geht in euern Bio- oder Körnerladen. Da diskutieren die das gerne mit euch aus.«

»Genau«, sagt Martha. »Unmöglich. Haben Sie in meinem Seminar nicht zugehört?«

Sie steht neben der Klaren, und sie steht da, als wäre sie nie woanders gewesen. Eingebaut in dieses Einzelhandelsraumschiff, das von 1996 herübergeflogen ist. Oder 1997, denn ich kann mich erinnern, wir haben hier Lady Di beweint. September 1997, und ich musste eigentlich lernen.

»Du bist doch sowieso schlau«, schniefte die Klare. »Das hier ist Weltgeschichte, und du willst dich mit Grammatik beschäftigen?«

Ein Satz wie von Martha, denke ich. Martha steht da jedenfalls und freut sich. Denn die Eindringlinge sind verstört. Wahrscheinlich sind sie den Tonfall sogar gewohnt. Man arrangiert sich damit, ob man mag oder nicht. Das ist hier einfach so, von der Stilebene.

Aber Martha können sie nicht einordnen, die anspruchsvollen Kunden. Seminar ist ein Begriff aus der Uni, da kennen sie sich aus. Da hat Martha aber für sie nichts zu suchen, zumal sie ungefähr zu der Zeit pensioniert worden ist, als Lady Di den Unfall hatte. Ihre letzten Studenten müssten also etwa so alt sein wie ich, und die beiden Lässigen sind Anfang Zwanzig. Sie sind überfordert und flüchten zu den Gardinen.

»Martha«, hebe ich an.

»Nein!«, faucht sie. »Immer, wenn ich mal eine Freundin von mir treffe, kommst du an und störst.«

Sie verschränkt die Arme und zieht eine Schnute. Wären wir im Comic, würden kleine Wolken aufsteigen. Die Klare hat die Situation erfasst.

»Jaaa«, sagt sie gedehnt. »Jetzt wo du das sagst. Ich mache ja bei der Modenschau mit, nächste Woche.«

»Ja«, freut sich Martha. »Stimmt. Das hab ich total vergessen.« Die Klare zieht ein iPhone von irgendwoher und wischt darauf herum. »Scheiß-Netz«, flucht sie. »Instagram geht nicht. Aber warte, ich hab die Sachen auch fotografiert.«

»Netze sind oft schlecht«, hilft Martha. Sie ist ein guter Kumpel, wenn jemand ihr gefällt. Sie nimmt das iPhone in die Hand und wischt auch. Die Kleider gefallen ihr. Alles sehr elegant, ganz ihr Stil. Auch der Hut, also dieser helle, große Hut. So einen hatte sie auch mal. Sie sieht in die Ferne, ich merke, sie ist gerade ganz woanders. Und es geht es ihr dort gut, denn sie strahlt.

Ich suche ein paar Stoffe aus, ich lasse jeweils drei Meter abschneiden. Aus drei Metern kann man eine lange Hose oder ein Kleid oder einen kurzen Rock und ein Oberteil nähen. Man muss es nicht sofort entscheiden, wenn man drei Meter kauft, sondern kann den Stoff liegen lassen und sich an seinem Vorrat freuen. Martha steht neben mir, aber sie ist im Kopf noch bei dem Hut. Ich wüsste gern, wer da mit ihr war. Heinrich? Oder ein anderer Mann?

Die Klare reißt mich aus den Gedanken.

»Sieben mal drei Meter, einundzwanzig Meter, alles vier Euro, macht ...« Sie arbeitet an ihrer Kasse herum. Warengruppen, Mehrwertsteuersatz, Schnittstelle fürs Finanzamt. Früher hatten sie eine mechanische Kasse, wo die Ziffern umschlugen. Passte besser.

»Vierundachtzig«, schmettert Martha. »Wie ich!«

Sie ist wieder da, sie hat die Gegenwart betreten, und jetzt will sie los. »Ich trage auch was«, sagt sie und greift sich einen Teil der Stoffe. Flitzt los, zur Tür hinaus in Richtung Tiefgarage.

»Läuft sie weg?«, fragt die Klare. »Also, dass sie sich verirrt?«

»Nein«, sage ich. »Wenn sie nicht mehr weiter weiß, bleibt sie stehen und wartet auf mich.«

Die Klare nickt. »Sie ist nicht so weit weg.«

»Ist dir das jetzt schon aufgefallen?«, frage ich. »Nach den paar Minuten?«

»Natürlich«, sagt die Klare. »Ich stehe hier seit einunddreißig Jahren. Ich kenne die Menschen.«

Martha hüpft draußen vor der Glastür herum und winkt. Die Klare erwidert ihre Geste.

»Ihr kommt doch zu meiner Modenschau?«, fragt sie.

»Ja, sicher«, verspreche ich.

Dann gehe ich zu Martha, nehme sie bei der Hand und geleite sie zum Tiefgarageneingang für Fußgänger.

»Martha, hast du Hunger?«, frage ich.

»Nein! Ich habe nie Hunger!« Sie geht aus dem Esszimmer in die Küche. Sie räumt.

Ich lese weiter. Ich sitze abends immer eine halbe Stunde im Esszimmer und lese Zeitung, während Martha keinen Hunger hat. Sie deckt trotzdem den Tisch. Sie hat ja, wie gesagt, keinen Hunger. Als höflicher Mensch steht sie dem Abendessen aber nicht im Weg.

Als Erstes bringt sie Tischsets. Wir haben verschiedene: Holzplatten, Leinensets, Korbgeflecht. Gemustert und einfarbig. Es dauert immer eine Weile, bis Martha die zum Tag passenden Tischsets ausgewählt hat. Dann kommen die Teller: Flache weiße, karierte Suppenteller, Kuchenteller mit Blumenmuster. Oder nein, heute Frühstücksbrettchen. Dann essen wir Butterbrot.

Tassen, Gläser und Besteck sind nicht so wichtig, aber von den Tellern kann ich auf die Speisen schließen. Und dann muss es schnell gehen. Wenn Martha den Tisch gedeckt hat, geht sie davon aus, dass es jetzt etwas zu essen gibt. Logisch. Deswegen hat sie das schließlich gemacht. Also schnell Brote schmieren, rasch eine Pizza backen, Salat anrichten. Nein, falsch. Bei Salat hilft Martha.

»Ich würde heute Abend gern Salat essen. Hilfst du mir?«

Martha verarbeitet die Anfrage. Sie sucht das Bild zum Begriff. Salat hat sie schon öfter gehört, sie isst auch gern Salat. Sie ordnet in ihrem Kopf herum, und damit ich das nicht merke, verschafft sie sich Zeit.

»Hm, ja. Ich esse aber keinen davon. Bei solchen Salaten bin ich immer vorsichtig.«

»Dieser wäre mit Tomaten, Zwiebeln, Bohnen und etwas Käse.«

»Zeig mal diese Bohnen.«

Ich reiche eine Dose. Bohnen bunt durcheinander, eigentlich für Bohnensuppe.

»Lustig«, sagt Martha. »Alle verschieden. Die gefallen mir.«

»Du könntest die Tomaten schneiden«, schlage ich vor.

»Diese roten?«, erkundigt sie sich.

»Ja, genau. Bitte vierteln.«

»Also schneiden?«

»Genau. Einmal längs, einmal quer.«

»Nein, dann nicht.«

Sie hat mich nicht verstanden. Ich nehme eine Tomate und schneide einmal längs und einmal quer. Martha verfolgt die Handgriffe mit großer Konzentration.

»Das kann ich auch. Gib mal her.«

Und dann legt sie los. Martha ist wieselflink, wenn sie einmal angefangen hat. Sie muss nur wissen, wie. Ich habe gelernt, dass Zeigen auch eine Sprache ist. Keine mit Worten, aber auch eine, die man lernen kann. Die Zeigesprache ist klar, und sie verläuft linear. Tomate auf ein Brett legen, Messer nehmen, einmal längs schneiden und einmal quer. Messer ablegen. Nächste Tomate, wieder das Messer. Und das geht so, bis alle Tomaten fertig sind.

Sie stellt sie mir hin, sorgfältig geviertelt, fast wie mit dem Geodreieck vorgezeichnet. Dann geht sie fort und macht etwas anderes. Sie nestelt an den Blumen oder legt ein Handtuch zusammen. Ich richte den Rest des Salats und rufe sie zu Tisch. Sie setzt sich, wir essen. Die vage Erinnerung, dass sie behilflich gewesen ist, bereitet ihr Genugtuung.

»Wir haben das zusammen gekocht, oder?«

Ich sage nicht, dass man Salat nicht kocht. Ich sage vielleicht, dass man genau sieht, wer die Tomaten geviertelt hat. Denn ich bin ja nicht so ordentlich. Das gefällt Martha. Dazu fällt ihr auch wieder etwas ein. Man sieht das eher, als dass man es hört. Ihr Gesicht wird heller, ein Lächeln breitet sich aus, das allmählich strahlend wird.

»Tja«, sie wirft den Begriff aus wie einen Anker. Sie legt an. »Tja. Ohne mich wärest du ganz schön aufgeschmissen.«

»Also, ohne dich ...«

Martha sieht mich an. Ich unterbreche mich, denn ich kenne das Ritual.

»Haha, ohne mich«, freut sich Martha. »Da sähe es hier finster aus.«

»Ohne dich«, sage ich, »wäre mein Leben auf jeden Fall gar nicht so schön.«

»Das stimmt«, strahlt Martha. »Gut, dass es mich gibt.«

Marthas Handlungen reihen sich wie Perlen an einer Schnur, eine nach der anderen, immer ordentlich aufgefädelt. Aber ich kenne das Muster nicht. Ich habe mir abgewöhnt, es erschließen zu wollen. Das ist mir schwergefallen. Denn: Wie macht man das? Wie lässt man Selbstverständliches beiseite?

Zum Beispiel, wenn wir Schnitten essen. Erst das Brot, dann die Butter. Obendrauf Käse. Wie alle und immer. Außer Martha. Martha hat auch Käse, Butter und Brot. Aber sie belegt manchmal Käse mit Käse, dazwischen, als Klebstoff, die Butter. Oder sie macht sich ein Brot, fängt mit der Butter an, steht auf, geht zum Schrank und holt Salz. Zu Salz gehört aber auch Pfeffer. Und dann steht sie da und betrachtet die anderen Gewürze. Sie könnte, nein, sie sollte sie aufräumen. Sie räumt auf.

Ich esse mein Brot und greife zur Zeitung. Vor vielen Jahren, zu Hause, habe ich gelernt, dass man beim Essen nicht liest. Ich mag das auch eigentlich nicht, ich finde Krümel und Fettfinger auf Papieren eklig. Also esse ich zuerst und räume meinen Teller beiseite. Dann lese ich. Das ist die Art von Kompromiss, die ich jetzt ständig mit mir selber schließe. Ich suche einen Ort zwischen der Konvention und Martha. Irgendwo in der Mitte ist mein Ort.

Nach einer Weile taucht Martha wieder auf.

»So«, sagt sie. »Jetzt hab ich mir das Brot aber redlich verdient. Ich habe den Schrank geordnet.«

Sie macht ein kleines Geräusch, wie eine alte Dampflok, wenn sie das Tempo drosselt. *Tüff*, ein leichter, beinah sanfter Ton. *Tüff*. Ich habe ihr Schnitten geschmiert und in kleine Häppchen geschnitten. Ich war anfangs scheu. Soll ich ihr das Brot richten wie einem kleinen Kind? Ist das albern? Falsch? Nein, es funktioniert. Martha isst mit selbstverständlichem Gleichmut, ein Häppchen nach dem anderen. Eins wird sie übriglassen, das kommt in den Kühlschrank.

»Wenn ich nachts Hunger haben sollte. Das ist doch praktisch. Dann hol ich mir das Stückchen hier.«

Tüff. Sie nimmt ihr Glas, aber erst, wenn sie so viel gegessen hat, wie es ihr ratsam schien. Sie trinkt, was ich zuvor eingeschenkt habe. Wasser, Fruchtsaft, Tee.

»Aber nichts, was blinzelt, hörst du! Ich bin schließlich eine Oma.«

Martha findet Kohlensäure unangemessen, auch scharfe Gewürze und überhaupt alles, was Widerstand leistet. Geschmackswiderstand und technischen Widerstand. Milchreis geht zum Beispiel nicht. Milchreis erfüllt sonst alle Kriterien: Er ist warm, weich, süß und gemütlich. Martha kennt Milchreis schon immer, hat sie mir erzählt. Milchreis gab es damals in Breslau und auf der Flucht und überall anders. Sie ist ein Fan von Milchreis, aber leider bleibt Milchreis in den Zwischenräumen ihrer dritten Zähne hängen. Milchreis scheidet also aus. Grießbrei funktioniert prima, und am besten, immer, Pudding. Mit Pudding kann sie gut umgehen. Er befindet sich in handlichen Bechern, gerade so viel, dass es ihr auskommt. Und er sieht auch noch nett aus.

»Er kennt sich aus, dieser Doktor Oetker. Er weiß, wie viel Pudding zu einer Oma passt.«

»Sie könnten uns mal eine Prämie geben«, sage ich.

»Puddingprämie«. Martha sieht mich von der Seite an. »Du kommst auf Ideen.«

»Selber«, sage ich. »Du bist eine Inspiration, meine Liebe.«

»Aha«. Ein Geräusch namens Unverständnis.

»Inspiration ist ungefähr wie eine Muse«, schiebe ich nach. »Nee, anders. Inspiration ist das Produkt der Muse.«

»Ach so, klar«, kichert Martha. »Ich bin natürlich eine Pudding-Muse.«

Ich denke manchmal, wir machen ganz schön viel Müll. Jeden Tag vier Becher Pudding, das ginge auch anders.

»Martha, ich könnte den Pudding auch selbst kochen, und du nimmst dir dann Portionen.«

Sie runzelt die Stirn. »Nein! Ich mag keinen Pudding mit Portionen. Ich mag nur Pudding mit Streifen.«

Das stimmt. Pudding im Allgemeinen ist attraktiver als Joghurt, der immerhin auch in Bechern zu etwa 150 Gramm geliefert wird. Aber über normalen Pudding geht die Sorte *Marmorette*. Wie der Name schon sagt, wechseln sich helle Sahne und Pudding ab, in Verläufen. Martha liebt *Marmorette*, aber ich weiß erst nicht genau, warum. Ist es der Geschmack? Ich teste. *Marmorette* schmeckt wie alle Fertigpuddings etwas zu süß. Das schnelle Glück aus weißem Zucker. Normaler Vanillepudding oder Grieß mit Marmelade schmecken nicht viel anders.

Dann geht mir ein Licht auf: *Marmorette* wird in einem durchsichtigen Becher geliefert. Man sieht, was drin ist, und dann ist es auch noch aufgeräumt. Ein Produkt nach Marthas Geschmack. Ich beschreibe ihr meine Gedanken. Ist das so? Man kann reinschauen, und es ist ordentlich?

»Logisch«, sagt Martha. »Findest du nicht?«

Ja, doch.

Es ist Samstagnachmittag, und ich muss noch einkaufen. Der Kühlschrank ist leer, von Gemüse natürlich abgesehen. Martha würde sich nie am Gemüse vergreifen, denn sie weiß ja, dass ich Gemüse toll finde. Ich habe manchmal komische Ideen. Gesunde Ernährung ist eine davon. Die finde ich wichtig. Martha auch, besonders Pudding und Fischstäbchen. Die sind von Doktor Iglo.

»*Dr. Oetker*, Martha. Und *Käpt'n Iglo*. Industriezucker. Supergesund.«

»Pöh«, sagt Martha. »Wenn du erst mal so alt bist wie ich, verstehst du mehr von diesem Gesund.«

»Eine ausgewogene Nahrung macht auch schöne Haut«, setze ich nach. So schnell gebe ich nicht auf.

»Ich kann diese Creme essen, die Hautcreme. Die wirkt von innen, wie diese Gemüse. Wenn dich das glücklich macht.«

»Mich macht sehr glücklich«, sage ich, »dass du fröhlich bist.«

»Ja«, strahlt Martha. »Dieses Fröhlich macht schön!«

Ich erledige ein paar Einkäufe, fahre nach Hause und freue mich: Samstagabend. Ich werde lesen, vielleicht die halbe Nacht, denn ich habe am Sonntag keinen Termin. Herrlich. Ich fahre durch die Gegend, es ist alles nicht sehr weit entfernt, aber manchmal dauert es. Viele kleine Straßen, hoch und runter, rechts vor links. Man kann hier nicht schnell fahren.

Ich biege irgendwann links ab in unsere Siedlung, an zwei Häusern vorbei, um den ersten Kreisel. Unser Haus ist das zweite nach der kleinen Kreuzung, aber man sieht fünfzig Meter vorher, wenn ein Auto angefahren kommt. Also, wenn man aus dem Wohnzimmerfenster schaut, sieht man das.

Martha nimmt gegen sieben am Abend ihre Position am Fenster ein, hat mir die Nachbarin erzählt. In der neuen Siedlung wohnen normale Menschen, die irgendwas im Leben tun und uns in Ruhe lassen.

Mit der Familie links neben uns haben wir uns befreundet. Ein Ehepaar in meinem Alter mit drei kleinen Jungs, die den ganzen Tag im Garten herumrennen. Martha hat sich auch mit ihnen angefreundet, sie schaufeln oft zusammen im Sandkasten herum, graben, bis man das Schwarze sieht. Wenn ihnen kalt ist, gehen sie rein, essen ein Brot und trinken Kakao.

Drei kleine Jungs und eine Oma, alle mit Dreck unter den Fingern. Die Nachbarin, Astrid, hat damit kein Problem. Ich kann sie sehr gut leiden; ich freue mich, dass ich mal eine Freundin habe, zu der ich keine Reise machen muss, die nicht hauptsächlich über Facebook mit mir spricht. Schön ist das.

Wir berichten uns oft abends über den Zaun, was wir erlebt haben. Astrid hat mir jedenfalls erzählt, dass Martha ab sieben Uhr an dem großen Panoramafenster steht und wartet, manchmal nimmt sie auch einen Stuhl und sitzt und wartet. Zehn Minuten, zwanzig Minuten, eine halbe Stunde. Also versuche ich, gegen halb acht spätestens zu Hause zu sein. Das Ritual will es, dass Martha mein Auto am Fenster sieht, aufsteht, zur Tür flitzt und sie aufreißt. Unbedingt so, dass ich das mitbekomme. Ich muss mich freudig überrascht zeigen und sagen:

»Das ist aber sehr aufmerksam von dir, Martha. Da komme ich gern nach Hause.«

Martha wird antworten: »Reiner Zufall. Du glaubst doch wohl nicht, dass ich auf dich warte. So weit kommt es noch.«

Ich werde meine Tasche nehmen, ins Haus gehen, und Martha wird mir zeigen, was sie an dem Tag gearbeitet hat. Denn sie ist immer sehr beschäftigt. Manchmal mache ich den Fehler und bleibe einen Augenblick im Wagen sitzen. Vielleicht, um mein Telefon zu bedienen. Oder um mich zu sammeln. Nach dreißig Sekunden kommt Martha und reißt die Tür auf.

»Du bist jetzt hier«, wird sie rufen. »Schluss mit dieser Arbeit!«

Auch an diesem Samstag ist es so. Martha erwartet mich an der Tür, die Katze steht daneben.

»Schwarze Katze, weiße Katze«, sage ich. »Eine schöner als die andere.«

Martha kichert. »Ich bin aber etwas schöner als die Mimi.«

Sie wartet. Ich verpasse mein Stichwort, absichtlich.

»Und schlauer!« Sie triumphiert. Die Katze hat ein robustes Gemüt, sie übersteht Marthas Scherze ohne Problem. Aber auch die Katze freut sich, dass ich da bin. Sie streift um meine Beine, stupst mich mit dem Katzenköpfchen an. Sie hat Hunger. Mein erster Gang ist stets der zu dem Karton mit Katzenfutter. Ich nehme eine kleine Dose, fülle sie in ein Schälchen und stelle sie der Katze hin. Martha steht daneben, die Arme verschränkt.

»Manno! Wenn du kochst, isst sie das immer. Und dabei habe ich mir so viel Mühe gegeben!«

Die Katze, im Gegensatz zu Martha, weiß, dass Katzen Katzenfutter essen. Keinen Pudding, keine Törtchen, auch kein Weißbrot mit Erdbeermarmelade. Ich habe Martha x-mal gesagt, dass die Katze Durchfall bekommt, wenn sie ihr solche Sachen hinstellt.

»Pah!«, schnaubt Martha dann. »Die ist einfach noch nicht abgehärtet.«

»Du isst auch kein Katzenfutter, Martha. Warum sollte sie Oma-Futter essen?«

»Das weißt du überhaupt nicht«, erwidert Martha. »Wer weiß, ob ich nicht heimlich solches Katzenfutter esse. Und ich habe das immer überlebt bisher.«

Ich denke manchmal, ich muss ja auch nicht alles wissen.

Martha sieht der Katze beim Essen zu. Sie verfolgt den Vorgang mit hoher Konzentration, als präge sie sich etwas ein.

»Woran erkennt man solches Katzenfutter?«, fragt sie.

»Hier«, ich zeige ihr eine der Dosen, »hier ist eine Katze drauf. Also ist das Katzenfutter.«

»Hm.« Martha überlegt. »Nein«, sagt sie. »Das ist falsch. Absolut verkehrt.«

Ich weiß erst nicht, was sie meint.

»Unsere Mimi ist schwarz, und die da ist weiß. Das ist also falsch, und sie soll ja nicht an falschem Futter sterben. Hast du selber so gesagt.«

Okay, gut. Sie hat gewonnen, sie hatte das letzte Wort. Ich ertappe mich an einem anderen Tag dabei, wie ich im Supermarkt nach Katzenfutter suche, auf dessen Verpackung schwarze Tiere abgebildet sind.

Martha ist immer noch den ganzen Tag allein zu Hause, und mehr als ein bisschen Zuarbeit vom Hauswirtschaftsteam lässt sie sich nicht gefallen. Aber ich habe jetzt weniger Sorgen, denn ich weiß, nebenan wohnen keine Irren.

Gertrud ist noch einmal aufgetaucht. So weit liegen die beiden Häuser nicht auseinander, dass sie nicht durch ein bisschen Herumgefrage ermitteln könnte, wo wir nun sind. Das dicke schwarze Auto, der vorgeblich teure Volvo schiebt sich durch die Straße wie eine glänzende schwarze Fliege. Die fiese Sorte, die nicht einfach wegfliegt, wenn man wedelt. Ich sehe das einmal, dann zweimal.

Astrid fällt es auch auf. »Die ist besessen«, sagt sie, »die hat irgendwas zu laufen mit euch. Frag mich nicht was, aber die ist komisch.«

Am dritten Abend habe ich einen Plan. Ich stehe mit Martha am Fenster, sehe das lackschwarze Auto, erkenne die Konturen und mache ein Foto. Rufe die Polizei, erstatte Anzeige wegen Stalking, lege auf und lösche Gertrud aus meinem Kopf.

Als Hubert mir ein paar Wochen später erzählt, sie hätte einen hysterischen Anfall gehabt, lässt mich das kalt. Hubert ist fast enttäuscht, Thorsten und er haben sich extra einen Abend ihr Gezeter angehört und wollen mir lustige Geschichten erzählen.

»Hubert, es ist vorbei. Ich kenn die nicht mehr, und wenn sie Bürgermeisterin wird. Ich kenn die in diesem Leben nicht mehr, aus und vorbei.«

»Konsequent«, sagt Hubert, »das hast du von Heinrich. Der war auch so.«

»Nee«, widerspreche ich, »ich war immer schon konsequent, das hat mit Heinrich nun wirklich nichts zu tun. Aber hast du eine Idee, was wir für einen Grabstein nehmen sollen? Seine Schwester kommt bald zu Besuch, und dann gehen wir das an.«

Martha spitzt die Ohren. Sie schaltet bei Gesprächen über unser altes Leben irgendwie auf Standby, Off-Modus. Der Name Gertrud sagt ihr schon lange nichts mehr, die ist gelöscht bei ihr, und als wir Hulda einmal beim Einkaufen treffen, zeigt sie mit dem Finger auf sie: »Kuck mal, voll die Schlampe. Nicht mal die Haare gekämmt. Und solche hässlichen Ketten, pff.«

»Das ist Hulda«, sage ich, »Hulda von Gertrud. Lass uns weitergehen, ich habe keine Lust auf die.«

Zu spät. Hulda segelt heran und hebt zu einem freudigen Gruß an. Weite Arme, große Geräusche. Die Wichtigtuerei von Leuten, die ein schlechtes Gewissen haben.

»Kennen wir uns?«, fragt Martha und mustert sie abschätzig.

»Aber Martha«, ruft Hulda und tänzelt wie ein Vogel Strauß. Die Ketten klackern, ihr Rock rauscht. »Martha, wir sind doch Freundinnen.« Sie wirft mir einen dramatischen Blick zu. *So schlimm schon?*, soll das heißen. Ich habe keine Lust, ihr zu anworten, und überlasse Martha den Job. Sie nimmt eine der Ketten auf, die sich Hulda um den Hals gehängt hat. Bunte Glaskugeln, ein paar silbrige Elemente. So hässlich sind die gar nicht. Martha befingert die Perlen, ich merke, sie sucht ein Wort. Hulda freut sich. Sie ist wohl einfach ein bisschen schlicht.

»Flittchen«, ruft Martha, »Flittchenfrau mit Flittchenflitter. Flitter, flatter.«

Ich nehme sie an der Hand und ziehe sie hinter das nächste Regal. Als ich mich umsehe, steht Hulda dort wie ein großes trauriges Tier. Wäre sie nicht mit Gertrud befreundet, würde ich umkehren und mich für Martha entschuldigen. So muss sie allein da durch.

Martha kann sich stundenlang beschäftigen, wie eine Murmel, die langsam durch eine Murmelbahn rollt. Von links nach rechts, durch das kleine Loch im Holz, plumps, nächste Bahn. Von rechts nach links, plumps, weiter. Ich sehe abends an den Spuren ihrer Tätigkeit, wo sie herumgekullert ist.

Küche: Zwischen den Tellern liegt jeweils eine Serviette. Wohnzimmer: Auf jedem Kissen ein Handtuch. Schlafzimmer: Plüschbären in Formationen zu drei oder fünf. Martha hat bestimmt zwanzig Plüschbären bei sich, die alle Teddy heißen. Unter ihren Teddys hat sie wechselnde Favoriten, aber einen liebt sie ganz besonders. Der ist nämlich an der Oberfläche kariert. Nicht mit Kunstfell und also ohne Ordnung, sondern aus Strick-Jersey. Er war mal weiß mit Lila, ein Buchhandelsvertreter hat ihn ihr geschenkt. Der Bär ist inzwischen mehr grau als weiß, aber das Lila ist farbecht, immerhin. Der Vertreter ist in Ordnung; wir haben ihn schon mal zu uns nach Hause eingeladen.

»Obwohl du ein Mann bist«, hat Martha gesagt. »Aber der Teddy kennt dich. Der hat gesagt, du bist in Ordnung.«

Diesen Teddy nimmt sie jedenfalls mit unter die

Decke. Der schaut ihr nichts weg. Ansonsten muss man aufpassen, auch bei den Teddybären.

Ein Haushalt mit zwei Personen ist aufwändiger als der für eine einzelne Frau, die den ganzen Tag arbeitet. Ein Haushalt für mich allein sähe wohl heute noch aus wie der einer Studentin.

Oder? Ich weiß es nicht, denn ich habe schon seit einigen Jahren keinen Haushalt mehr für mich allein, sondern ein großes Haus zu versorgen. Ein Haus mit zwei weiteren Bewohnern, von denen einer alles für profan hielt, was nicht am Schreibtisch erledigt werden konnte. Die andere Bewohnerin hauswirtschaftet zwar eifrig, aber nach objektiven Kriterien sinnfrei. Sie arbeitet im Kreis. In Heinrichs Sprache: Sie permutiert.

Wenn ich früher tagsüber mit ihm sprach, berichtete er von Lektüren, er trug eine mathematische Formel vor oder erzählte, was es im Radio gab. Nach Martha befragt, sagte er gern: »Sie lässt die Dinge wandern.« Oder: »Sie ergeht sich dem Vergnügen unendlicher Ziellosigkeit.« Heinrich war poetischer, aber Heinrich hat ihr ja auch nicht hinterher geräumt. Das war immer schon meine Aufgabe.

Ich sammle an diesem Samstagabend also fünf Puddingbecher zusammen, die auf verschiedenen Treppenstufen abgestellt wurden. Vermutlich mit System, denn Martha schimpft.

»Du kannst das doch nicht einfach kaputtmachen.«
»Was denn?«

»Ja, das da. Siehst du doch. Es war eine Heidenarbeit.«

Ich nehme die eingeweichten Handtücher aus den Waschbecken und finde noch drei Eimer, in denen auch Textilien schwimmen. Strümpfe, ein Unterhemd. In der Waschmaschine sitzt der karierte Bär und freut sich, dass ihm jemand einen halben Butterkeks zugesteckt hat. Ich habe inzwischen Erfahrung und fühle in der Trommel herum. Ja, genau. Ein halber Apfel, braun angelaufen, aber akkurat geschält und auch nicht schief geschnitten.

Ich nehme ihn in die Hand und denke wieder: Das ist ein bisschen absurd, aber das ist doch nicht *Pflege*. Martha ist oft wie ein kleines Mädchen, nur eben mit weißen Haaren. Sie spielt. Pflege ist für mich etwas mit Krankenschwestern und Infusionen, Pflege ist unnormal, eine Ausnahmesituation. Pflege ist dann, wenn man gerade Patient ist und hoffentlich bald wieder gesund.

Martha ist alt, aber das ist keine Krankheit. Und Martha ist verschaltet. Ich stelle mir ihr Gehirn so vor wie einen Sicherungskasten mit hunderttausend Einheiten. Einige sind angelaufen, zwei sind rostig. Sie sind ja auch schon lange in Gebrauch, über achtzig Jahre. Etwas Verschleiß scheint mir nicht ungewöhnlich. Ein paar sind an der falschen Stelle. Da sie ein Muster bilden, rund und eckig in einer aparten Folge, hat Martha sie wahrscheinlich selber umgesteckt.

»Lustig«, würde sie sagen, mit den Augen rollen und

kichern wie ein Teenager. »Wie was für einer? Ich kenn keinen solchen Teenager.«

»Backfisch«, wäre meine Antwort. »Zu deiner Zeit sagte man Backfisch.«

Martha ist auch bei der Sprache irgendwo stehengeblieben. Sie kennt keine Anglizismen. Wenn sie mir etwas vorliest, und da steht ein fremdes Wort, muss ich ihr die große Lupe geben, die wir einmal angeschafft haben, als sie meinte, ihre Augen sind kaputt. Sie war leider immer abwechselnd rechts und links blind, so dass ich mich mit ihrem Vermögensbetreuer auf eine Lupe geeinigt habe. Sie ist fast so groß wie ein Pflasterstein, aber leicht. Ich habe sie in meiner Schublade mit den ganz wichtigen Sachen, wo Martha nicht drangeht. Darin sind: die Nagelschere, ihr Personalausweis, meine Betreuerunterlagen und eben die Lupe.

»Wie bei Heinrich«, sagt Martha manchmal, »der hatte auch so eine Wichtig-Schublade, wo ich nur heimlich drangegangen bin.«

»Und was war drin?«, frage ich.

»Die *Mercis* natürlich, die ganzen *Mercis* für dich. Aber ich hab mir einfach immer welche genommen.« Sie unterbricht sich. »Das mach ich aber bei dir nicht, ehrlich nicht.«

»Du kannst so viel Schokolade essen, wie du willst«, sage ich.

»Bis hundert?«

»Ja«, sage ich, »die füllt sich immer wieder auf, die Schokoladen-Schublade, auch bis hunderteins.«

»Gut«, sagt Martha, »dann brauch ich ja auch nicht mehr so zu tun, als müsste ich weg von hier.«
»Nö«, sage ich, »nö, echt nicht.«
Martha reicht mir die Hand.
»Ich bleibe also für immer«, sagt sie.

EISELE

VERLAG

Bücher, die begeistern.

BESUCHEN SIE UNS IM INTERNET:
WWW.EISELE-VERLAG.DE | FACEBOOK.COM/EISELE.VERLAG
WWW.INSTAGRAM.COM/EISELE_VERLAG
TWITTER.COM/EISELE_JULIA